자신에게
너무 가혹한
당신에게

자신에게
너무 가혹한
당신에게

내 몫이
아닌
비합리적
죄책감과
이별하기

일자 샌드 지음 ― 정지현 옮김

타인의사유

비유적으로 말하자면 양심은 스스로를 평가하는 장소라고 할 수 있다. 짐작하건대, 이 책을 읽고 있는 당신은 자신에 대해 가혹한 평가를 내린 적이 많았을 것이다. 물론 자기 평가는 현실을 바탕으로 한 것이지만 여러 요인으로 인해 부정적인 면이 지나치게 강조될 수 있다.

죄책감이나 양심의 가책을 느낄 수 있다는 것은 좋은 일이다. 당신이 자신의 삶뿐만 아니라 다른 사람들의 삶에도 긍정적인 영향을 끼치려고 노력하는, 책임감 있는 사람이라는 뜻이기 때문이다. 물론 삶의 모든 측면에서 양심적인 사람은 없다. 어떤 이들은 환경에 대한 책임감을 중요하게 생각하고, 또 어떤 이들은 현실적인 문제 해결에 커다란 책임감을 느낀다. 그중에서도 이 책은 관계에서 느끼는 책임감에 관한 것이다.

분위기가 나쁘거나, 누가 잘 지내지 못하거나 상처를 받을 때 곧장 책임감을 느끼고 과장된 죄책감에 시달리는 사람들이 있는 반면, 부정적인 사건에 대해 거의 혹은 전혀 죄책감을 느끼지 않는 사람들도 있다. 우리는 대부분 이 양극 사이의 어디인가에 해당한다. 살면서 조금씩 왔다 갔다 하는 차이만 있을 뿐이다. 한동안은 자신과 자신의 삶을 긍정적으로 바라보다가도, 또 어떤 날에는 극심한 자기 비난, 양심의 가책, 무능감에 빠진다.

나는 여러 해 동안 목사로 일하면서 죄책감이나 양심의 가책을 느끼는 사람들의 말을 들어주었다. 그러다 심리 치료사 일을 하면서부터는 사람들이 더 깊은 마음속의 감정을 들여다볼 수 있도록 도와주고 있다. 더불어 개인적으로는 내가 오랫동안 느껴 온 양심의 가책이 비현실적이거나 과장된 것이라는 사실을 깨달은 후 삶에 활력이 생기는 경험도 했다(이에 대해서는 '들어가며'에서 자세히 들려주려 한다).

이 책에는 양심의 가책을 없애고 친절한 눈으로 자신을 바라보는 연습을 하게 해 주는 다양한 도구가 담겨 있다. 무엇보다 이 책은 당신이 지금까지 살아오면서 만든 원칙과 규칙을 바꾸고, 자기 몫이 아닌 죄책감을 없애고, 두려움과 친구가 되고, 당신을 지치게 하는 싸움을 내려놓는 방법을 알려 줄 것이다. 그리고 정당한 죄책감을 인정하는 방법 및 다른 사람들과 잘못을 나누고 자신을 용서하는 방법 또한 알려 줄 것이다.

이 책의 전반부에서는 양심의 가책이 무엇인지 설명하고, 자기비판이 긍정적인 방법으로 사용될 수도 있지만 그저 나쁜 습관에 불과할 때도 있음을 알려 준다. 그리고 후반부에서는 책임감 부족에 대해 다룬다. 가까운 친구나 가족 중에 나쁜 일이 일어났을 때 책임을 회피하는 사람들이 있을 것이다. 죄책감을 쉽게 느끼는 사람은 이렇게 본인의 책임을 떠넘기고 싶어 하는 사람들의 표적이 된다. 죄책감의 메커니즘과 자신을 보호하는 방법을 아는 게 중요한 이유가 바로 여기에 있다.

각 장의 끝부분에는 죄책감과 무능감을 이해하도록 도와주는 '연습하기'가 있다. 꾸준히 연습하다 보면 합리적인 감정과 부풀려진 감정을 구분하기 쉬워진다.

책의 맨 뒤에는 이 책에 쓰인 도구들을 요약해 놓았으며, 죄책감을 얼마나 쉽게 느끼는지 측정해 주는 테스트도 실었다.

죄책감과 관계, 자신을 알아가는 당신의 여정에 행운이 함께하기를 바란다.

할드 호베드가르드에서

일자 샌드

목차

발데마르는 어머니의 전화를 받지 않으면 죄책감을 느낀다. 그래서 방해받고 싶지 않을 때도 마지못해 어머니의 전화를 받는다. 바나나를 좋아하는 투에는 사무실에 마련된 과일을 다 먹고 싶지만 한 개 이상 먹으면 양심의 가책을 느낀다. 리케는 운동을 싫어하는데도 일주일에 몇 번씩 달리기를 하러 나간다. 건강을 유지하겠다는 다짐을 깨면 죄책감이 느껴지기 때문이다.

죄책감, 자기 비난, 양심의 가책은 우리의 행동을 지배하는 데 한몫한다. 대부분의 사람들은 하고 싶은 것만 하면서 살지 않으며, 남을 배려하고 내 것을 나누어 주고 자신과의 약속에 충실하기 위해 노력하면서 살아간다.

나는 덴마크 벤쉬셀의 시골 마을에서 어린 시절을 보냈다. 사실 이때부터 죄책감을 쉽게 느끼는 경향이 있긴 했다. 한번은 두꺼비 두 마리를 잡아 모래와 물을 채운 수조에 헤엄치게 두고는 그만 까먹고 말았다. 나중에 기억이 나서 지하실로 가 보았더니 두꺼비들이 죽어 있었다. 어린 마음에도 두꺼비가 죽은 게 내 잘못이라는 걸 알 수 있었다. 나는 너무 슬프고 부끄러워서 두꺼비의 죽음을 아무에게도 말하지 않았다.

너무 많은 책임을 떠맡으려는 경향은 지금도 여전하지만 책임감 없는 모습을 보인 적 또한 많았다. 내 담당인 집안일을 미룬 채 누군가가 나설 때까지 입을 꾹 다물고 있기도 했다.

하지만 사랑하는 가족이 겪는 고통만큼은 모른 체할 수 없었다. 알보그 병원에 입원한 어머니의 병문안을 하러 갔을 때였다. 나는 병원 복도에 설치된 거울에 비친 나를 보며 슬며시 미소를 지었다. 어머니를 보기 위해 바쁜 와중에 시간을 내어 힘들게 장거리 운전을 해 가며 쥬르슬란드에서 알보그까지 온 내 자신이 자랑스러웠기 때문이다.

그런데 두 시간 후 같은 거울에 비친 내 모습에 나는 깜짝 놀라고 말았다. 누렇게 뜬 얼굴이 꼭 심각한 우울증을 앓는 사람 같아 보였다. 양심의 가책에 압도당해 제대로 된 사고가 불가능하게 된 것이었다.

그때는 어머니와 함께 있는 시간을 가장 견디기 어렵게 만드는 게 무엇인지 정확히 알 수 없었다. 옆 환자의 아들은 나보다 더 멀리 사는데도 매일 병문안을 온다는 어머니의 말 때문이었을까. 아니면 나를 바라보는 어머니의 눈빛 때문이었을까. 그것도 아니면 모녀 사이의 끈질긴 감정의 연결 고리 때문이었을까.

어린 시절은 물론이고 어른이 된 후에도 내가 어머니에게서 느끼는 가장 두드러진 감정은 죄책감이었다. 이것이 비합리적 죄책감이라는 건 알았지만, 죄책감의 굴레를 벗고 이면에 숨겨진 감정들을 해방시키기까지 수십 년이 걸렸다.

죄책감이 느슨해지는 데 가장 큰 도움이 된 건 죄책감과 책임감의 메커니즘에 대한 통찰이었다. 덕분에 책임의 한계를 알 수 있었다. 양심의 가책이 다른 감정들을 덮고 있다는 사실을 알게 되자 모든 게 이해되기 시작했다. 죄책감이 줄어들며 조금씩 흘러나온 무력감과 슬픔을 온전히 느끼면서부터 비로소 자유가 찾아왔다. 그리고 분노, 무력감, 기쁨 같은 지극히 정상적인 감정을 느끼는 지극히 평범한 사람이 될 권리를 되찾은 순간 진정한 해방감을 맛볼 수 있었다.

내가 성직자, 심리 치료사로서 해 온 일과 나의 개인적인 경험이 지나치게 부풀려진 죄책감을 내려놓고 친절한 눈으로 자신을 바라보는 데 도움이 되기를 진심으로 바란다. 그리고 스스로 온전한 존재임을 느끼고 사람들과의 관계에서 좀 더 편해지기를 기원한다.

chapter

1

죄책감과
양심의 가책

우리는 스스로의 행동이 부정적인 결과로 이어졌을 때 양심의 가책을 느낀다. 만남을 잔뜩 기대하고 있는 친구와의 약속을 취소한다거나 운동을 하기로 다짐해 놓고 소파에 널브러져 있다거나 할 때처럼 말이다.

죄책감 = 나쁜 결과의 원인을 제공하는 것

양심의 가책은 자신이나 타인에게 해가 되거나, 자신이나 타인의 가치관에 어긋나는 어떤 일을 저질렀다는 괴로운 감정이다. 양심의 가책을 느낄 때 괴로운 감정이 따라오는 이유는 자신 혹은 타인이 생각하기에 해야 할 행동을 하지 않았기 때문이다. 이렇게 죄책감과 양심의 가책에 깔려 있는 기본적인 전제는 같다. 따라서 이 책에서는 죄책감과 양심의 가책, 두 단어를 똑같은 의미로 보고 번갈아 가며 사용할 예정이다.

양심의 가책은 우리를 올바른 길로도, 또 잘못된 길로도 이끈다. 뿐만 아니라 이미 벌어진 일을 만회하려는 동기를 부여할 수도 있으며, 압박감에 능력 이상으로 무리하거나 가치관을 타협하게 만들기도 한다.

죄책감의 강도는 죄책감 자체보다는 한 사람에 대해 많은 것을 말해 준다. 그렇기에 개인에 따라서 잘못을 저질러도 죄책감을 느끼지 않을 수 있고, 잘못이 없는데도 죄책감이 들 수 있다. 비슷한 맥락으로, 양심의 가책은 자신보다는 죄책감이 향하는 사람이나 그 사람과의 관계에 대해 많은 것을 알려 준다. 책의 뒷부분에 나오는 죄책감 테스트를 할 때도 떠올리는 사람이 누구이냐에 따라 결과가 달라진다. 이미 경험해 보았겠지만, 관련된 사람이 누구인가에 따라 5분 지각한 일로 크나큰 죄책감을 느낄 수도 있고 전혀 신경 쓰지 않을 수도 있다.

또한 타인이 아닌 자신을 향하는 양심의 가책인 경우 사람마다 느끼는 강도가 각자 다르다.

> 토요일에 푹 쉬기로 나 자신과 약속해 놓고도 친구가 만나자고 하면 좀처럼 거절을 못해요. 싫다고 하면 친구의 기분이 상할 거고 그럼 죄책감이 들 테니까요.
>
> – 카리나, 28세

카리나는 죄책감이 들지 않도록 만나자는 친구의 제안을 받아들이는 쪽을 선택한다. 하지만 카리나와 반대로 자신과의 약속을 더 중요하게 여기는 사람이라면 친구의 제안을 거절하는 쪽을 선택할 것이다. 왜냐하면 자신과의 약속을 어길 때 느끼는 죄책감이 훨씬 크기 때문이다.

합리적 죄책감 vs.
비합리적 죄책감

자신이 했거나 하지 않은 일과 비교해 적절한 정도의 죄책감은 합리적이다. 줄을 서 있다가 누군가를 밀치고 양심의 가책이 느껴져 사과하는 것은 조금도 이상한 일이 아니다. 다이어트 중인데 아이스크림을 먹었다거나 운동 계획을 지키지 않았다는 등 어떤 식으로든 자신의 결심이나 가치관에 어긋나는 일을 해서 느끼는 죄책감은 오히려 스스로를 올바른 방향으로 나아가게 해 줄 수 있다.

반면에 이유나 출처를 정확히 모르는 죄책감이나, 통제

할 수 없는 사고나 상황으로 인해 느끼는 죄책감은 비합리
적이다.

- 합리적 죄책감
자신이 어떤 상황에 끼친 영향과 그것이 초래한 피해의
정도에 적절한 죄책감
- 비합리적 죄책감
어떤 상황과 관련해 지나치게 부풀려진 죄책감

죄책감을 합리적인 것과 비합리적인 것으로 구분하는 일
은 매우 중요하다. 그리고 두 죄책감은 엄연히 다르므로 대처
방법 역시 달라야 한다. 일단 비합리적 죄책감은 옳지 않으며
현실에 대한 잘못된 해석인 경우가 많다는 것부터 알고 넘어
가자. 이 장에서는 합리적 죄책감에 초점을 맞추고, 11장에
서 비합리적 죄책감을 다루는 방법에 대해서 설명할 것이다.
특정 상황에 대한 적절한 죄책감은 인정하고 마주하는 것
이 옳다. 하지만 이 죄책감이 선택을 휘둘러서는 안 된다.
합리적 죄책감을 인정하지 않거나 합리적 죄책감에서 비
롯된 양심의 가책을 느끼지 못하면 부적절한 행동 전략을
쓰기 쉽고, 결국 사람들과의 관계에도 타격이 가게 된다.

양심의 가책을 대하는
두 가지 유형

자신을 포함한 모든 사람을 항상 만족시킬 수 있다면 양심의 가책도 피할 수 있을 것이다. 하지만 안타깝게도 모두를 만족시키는 일은 불가능하다. 우리는 여러 가지 선택지에서 하나를 고르고 우선순위를 정하지 않으면 안 된다. 같은 날에 열리는 모임 두 군데에 초대를 받으면 둘 중 하나는 실망시킬 수밖에 없다. 또 주말에 미루고 미룬 일을 처리하느라 집 청소를 하지 못해서 자신의 청결 기준을 지키지 못하거나 꼭 보자고 한 친구를 만나지 못한 데에 죄책감

이 들 수 있다.

그런데 핵심은 양심의 가책을 느끼는지의 여부가 아니라, 양심의 가책을 어떻게 대하는지의 태도에 있다. 나는 양심의 가책을 대하는 유형을 두 가지로 분류한다. 하나는 타조형으로, 양심의 가책을 다루는 태도가 타조가 위험에 처했을 때 상황을 모면하기 위해 모래 속에 머리를 박는 것과 비슷한 데서 착안한 것이다. 다른 하나는 작지만 쉴 새 없이 부지런하게 움직이는 개미의 습성을 본떠 개미형이라고 이름 붙였다.

• 타조형

스스로의 선택으로 벌어진 결과를 인정하지 않는 사람들이 있다. 이들은 어떤 일이 생기면 그 원인에 대해 다양한 핑계를 대거나 남 탓을 한다.

• 개미형

나쁜 일이 생기는 것을 절대적으로 원하지 않아서 어떻게든 모두를 만족시키려고 애쓰는 사람들이 있다. 이들은 어쩔 수 없이 실망을 안겨 주었을 때 가능한 모든 방법을 동원해 보상하고자 한다. 때문에 지나치게 협조적으로 나가거나, 무조건 비위를 맞추거나, 불필요하게 자신을 낮추는 모습을 보인다.

이 두 유형은 관계를 어렵게 만든다는 공통점을 가지고 있다.

타조형과 갈등이 발생하면 화해가 어려워진다. 이 유형은 상대방과의 분위기가 나빠진 데에 자신의 잘못이 전혀 없다고 생각하므로 상대방과 서로 조금씩 양보하고 책임을 나누려 들지 않는다.

개미형은 타인의 기대와 요구를 무한정 들어주다가 종국에는 초기의 열의를 잃어버리고 자신이 먼저 나가떨어지기 쉽다. 그렇기 때문에 스트레스를 받거나 우울증에 걸릴 위험이 크다. 뿐만 아니라 다른 사람의 기대에 좌지우지되는 초라한 기분을 맛볼 확률도 높다.

앞으로 무거운 죄책감에 시달리는 사람들이 활용할 수 있는 새롭고 효과적인 전략을 소개할 예정이다. 그전에 양심의 가책과 관련된 감정부터 살펴보자.

양심의 가책의
구성 요소

감정은 기본 감정과 복합 감정으로 나누어진다. 기본 감정은 모든 문화와 국가를 통틀어서, 그리고 고등 동물에게서도 발견되는 것이다. 그 이외의 감정들은 기본 감정의 다양한 혼합물로 설명될 수 있다. 어떤 감정이 기본 감정인가에 대해서는 전문가마다 견해가 다르다. 하지만 다음의 네 가지가 기본 감정의 범주에 속한다는 것에는 거의 모든 심리학자가 동의한다.

○ 분노

- 두려움
- 슬픔
- 행복

우리가 느끼는 감정의 대부분은 이 네 가지로 충분히 설명된다. 이를테면, 실망은 슬픔과 분노의 복합 감정이고, 흥분은 두려움과 행복의 복합 감정이다.

네 가지 기본 감정은 모두 양심의 가책과 관련이 있으며, 분노는 보통 안으로 향한다.

- 분노

자신을 비난하거나 탓한다.

- 두려움

자신이나 타인의 분노나 판단을 두려워한다. 혹은 어떻게든 상황이 나빠질까 봐 두려워한다.

- 슬픔

자신이나 타인이 어떤 행동을 하지 않았거나 특정 상황이 발생하지 않았기를 바란다.

- 행복

자신이 아닌 타인에게 사고가 일어난 것을 감사하거나 악의를 담아 기뻐한다.

다음은 서너 개의 기본 감정이 포함된 양심의 가책을 보여 주는 몇 가지 사례다.

스트레스가 심하던 어느 날 다른 차를 보지 못하고 접촉 사고를 냈어요. 이 사고로 상대편 차가 심하게 찌그러졌어요. 시간이 지나면서 죄책감이 커지기 시작했고 주변 차량에 충분한 주의를 기울이지 않은 제 자신을 원망했어요. 남자 친구와 상대 운전자가 화낼까 봐 무서웠고 돈 들어갈 일을 생각하니 속이 쓰렸죠. 운전 실력이 생각만큼 완벽하지 않다는 깨달음 때문에 마음도 좋지 않았고요. 그러면서도 한편으론 상대방 차는 찌그러졌는데 제 차는 흠만 살짝 난 것뿐이라 좀 다행스럽기도 했어요.

ㅡ 제인, 25세

집 청소를 하기로 다짐해 놓고선 온종일 컴퓨터 게임만 했어요. 저녁때가 되니 청소를 하지 않은 것에 대해 양심의 가책이 밀려왔어요. 제 자신에게 화도 났고요. 집이 너무 지저분하다고 사람들이 저를 흉볼까 봐 두려웠어요.

너저분한 집 안 꼴도 그렇고, 나름 깔끔하고 자제력 있는 사람이라고 자부했는데 한참 부족한 것 같아서 기분이 나빴어요.

– 울라, 38세

슬픔의 감정은 문제를 일으키는 경우가 드물다. 오히려 슬픔은 타인이―그리고 당신 스스로도―당신을 도와주거나 보살펴 주고 싶게 만드는 건전한 감정적 반응이다. 반면에 안으로 향한 분노는 자기 자신을 지치게 만들 수 있으며, 자신 또는 타인의 분노나 비판에 대한 두려움은 자기 억압으로 이어질 수 있다.

연습하기

양심의 가책을 느꼈던 상황을 생각해 보자. 기본 감정들이 얼마나 개입되어 있는가? 아래 예시처럼 각 감정에 백분율을 매겨도 좋다.

- 안으로 향한 분노 : 20%
- 두려움 : 70%
- 슬픔 : 8%
- 행복 : 2%

정리하기

양심의 가책은 분노, 두려움, 슬픔, 때로는 행복 같은 인간의 기본 감정들로 이루어진다. 죄책감은 합리적일 수도 있고 비합리적일 수도 있는데, 상황에 비해 너무 큰 죄책감은 비합리적 죄책감이라 할 수 있다.

어떤 사람들은 부정적인 상황에 대한 자신의 책임을 무조건 부인하고 발뺌한다. 또 어떤 사람들은 양심의 가책을 느끼지 않기 위해 완벽해지려고 애쓴다. 다행스러운 점은 이

두 가지 말고 다른 선택지도 존재한다는 것이다. 이에 대해

서는 앞으로 차근차근 살펴보기로 한다.

chapter

2

안으로 향한
분노에 담긴
메시지

안으로 향한 분노—일반적으로 자기비판이나 자기 비난의 형
태—는 두통, 우울증을 비롯해 여러 가지 해로운 결과로 이어
진다. 그렇다고 해서 분노가 부정적인 결과만을 가져오는 것은
아니다. 분노가 가진 긍정적인 결과에는 어떤 것들이 있을까?
스스로를 꾸짖으면 다른 사람의 꾸짖음을 막을 수 있다. 당신
이 누군가에게 손해를 끼치는 실수를 저질렀고 이 사실에 대해
죄책감을 느낀다고 가정해 보자. 그러면 피해를 입은 사람은
당신이 실수를 가볍게 생각하고 아무 일도 없었던 것처럼 행동
할 때보다 당신에게 화를 덜 내게 될 것이다.

안으로 향한 분노는 자신에게 좋은 일을 하도록 동기도 부여한
다. 살을 빼려고 노력 중인데 아이스크림을 샀다고 가정해 보
자. 이럴 때 자기 비난은 다이어트를 망치는 대신 아이스크림
을 그냥 냉장고에 넣어 두게 만든다.

다음의 사례처럼 자기비판은 다양한 측면에서 변화의 시작에

도움을 줄 수 있다.

> 안 좋은 기분이 오랫동안 계속되면 내면의 목소리가 비
> 명을 지르기 시작해요. "넌 바뀌어야 해. 그 방법은 효과
> 가 없어!"라고요. 이 목소리는 안전지대를 벗어나 평소
> 에 감히 할 수 없었던 일을 도전하게 만들어 주기도 해요.
> 이를테면, 혼자 여행을 가거나 심리 상담을 받는 일처럼
> 용기가 필요한 것들이요.
>
> — 우페, 48세

자기비판은 이롭지 않은 삶의 방식을 바꾸는 데 동기 부여가
된다. 또한 다른 사람들을 위해 좋은 일을 하도록 이끌어 주기
도 한다.

예를 들어, 당신이 어머니의 생신을 까맣게 잊은 일에 대해 당
신의 분노는 "왜 이래. 넌 이것보다 더 잘할 수 있잖아?"라며 당
신을 자극할 수 있다. 그러면 당신은 이 분노의 목소리를 듣고
따르는 쪽을 선택하고, 실수를 만회하기 위해 뭐가 되었든 조
치를 취하게 된다.

자기비판의 목소리가
자신을 바로잡게 할 것

어떤 나쁜 일이 자신의 잘못이라는 것을 알면 사과하고 만회하려고 노력함으로써 비교적 쉽게 문제를 해결할 수 있다. 어머니의 생일을 깜빡하고 잊어버렸다면 (독립한 경우) 깜짝 방문을 하거나 평소에 잘 하지 않던 꽃 배달을 보낼 수도 있다. 당신이 어떤 일을 했건 하지 않았건 간에 그 일에 대해 진심으로 미안해한다면 미안한 마음을 표현하는 것만으로도 상대방은 충분하다고 여기고 그냥 넘어갈 것이다.

사과에는 유효 기간이 없다. 그리고 사과하기에 늦은 때는 없다.

합리적 죄책감을 느꼈음에도 이에 대해 어떤 행동을 하지 않으면, 아래 사례의 한느처럼 마음속 어딘가에서 당신을 갉아먹고 있는 죄책감을 발견할지도 모른다.

아이다라는 오래된 좋은 친구가 있었어요. 우리는 함께한 시간만큼 쌓인 것도 많았는지 어느 순간 사이가 틀어지기 시작했고 갈등의 골이 깊어지면서 결국 인연을 끊게 됐어요. 그런데 아이다가 정말 감동적인 작별 메일을 보낸 거예요. 우리가 그동안 함께했던 좋은 시간들에 감사한다고요. 당시 전 너무 화가 나서 답장을 하지 않았어요. 메일 내용이 너무나 감동적이었는데도 말이죠. 아직도 메일을 삭제한 데에 큰 죄책감을 느껴요.

– 한느, 55세

한느는 이 문제를 비교적 쉽게 해결하면서 생각보다 큰 자기만족을 느낄 수 있다. 방법은 간단하다. 아래와 같이 메일을 보내면 된다.

아이다에게

오랜 시간이 흘렀지만 나 기억하지? 우리가 절교를 선언했을 때 네가 애정 가득하고 감동적인 작별 메일을 보내 줬잖아. 네 마음을 깨닫기까지 많은 시간이 걸려 버렸네. 아이다, 그런 배려 깊은 메일을 써 준 걸 정말 고맙게 생각해. 나도 너와 친구여서 행복했고, 함께한 좋은 시간들을 생각하면 마음이 따뜻해져. 너에게 좋은 일만 가득하길 바랄게.

한느가

우리를 괴롭히는 문제를 해결하려면 침착해져야 하고 큰 용기도 필요하다. 하지만 일단 문제 해결을 시도하고 나면 안도감뿐만 아니라 자신이 추구하는 가치를 실천했다는 기분 좋은 느낌이 보상으로 따라온다.

상황을 바로잡는 일이
불가능한 경우

○

물론 문제 해결이 그리 간단하지만은 않을 수도 있다.

어릴 때 어머니와 단둘이 살았어요. 우리 모자 사이는 아주 좋았어요. 그러다 어머니가 나이 들면서 병환이 깊어져 요양 병원에 모시게 됐어요. 어느 날 요양 병원에서 전화가 왔어요. 어머니가 곧 돌아가실 것 같다고, 임종을 지키려면 지금 바로 와야 한다고요. 그런데 하필이면 그때 중요한 회의를 앞두고 있었어요. 전 어머니가 하루는 더 버티시겠지, 하고 생각했어요. 적어도 프레젠테이션이 끝날 때까진 버티시겠지, 하고요. 어쩌면 산전수전 다 겪은 강인한 어머니가 쉽게 돌아가시지 않으리라 믿고 싶었던 건지도 몰라요. 하지만 병원에 도착했을 땐 이미 늦어 버렸어요. 이후 오랫동안 어머니의 마지막을 지키지 못했다는 죄책감에 시달렸어요.

– 매즈, 58세

매즈와 같은 상황에서는 이성적인 대응이 쉽지 않다. 죄책감이고 뭐고 그저 다 잊어버리고 싶은 유혹만 들 것이다. 하지만 감정을 억압하면 자신과 감정의 연결 고리가 끊어지게 된다.

고통스럽더라도 감정을 정면으로 마주해야 한다. 위 사례의 매즈는 어머니와의 일을 분명하게 의식할수록 그것에 대해 느끼는 감정에 익숙해지고 감정을 견뎌 내기도 쉬워질 것이다. 우리는 사랑하는 사람과의 사별에 대해서 여러 방법으로 대처할 수 있다. 세상을 떠난 이에게 손 편지를 써서 미처 하지 못한 말을 전하거나, 가능한 한 여러 사람과 사별에 관한 대화를 나누는 것도 좋다. 전문가의 도움을 구할 수도 있는데, 성직자들은 죄책감에 대해 털어놓기 좋은 대상이다.

모든 고통에는 성장의 잠재력이 들어 있다. 매즈는 평소에 딱딱하다는 말을 자주 들었다. 어머니가 세상을 떠난 후 그는 예전처럼 다른 사람들을 엄격하게 판단하지 않게 되었다. 사실 그의 어머니는 아들의 이런 성격을 염려했었다. 매즈는 어머니의 죽음을 계기로 좀 더 융통성 있는 사람으로 거듭나기로 마음먹었고, 변화된 자신의 모습을 어머니가 기뻐하며 지켜볼 것이라 생각하니 한결 마음이 놓였다.

부정적인 결과를 불러오는
자기비판

지금까지 자기 비난이 긍정적인 결과로 이어질 수 있다는 것에 대해 살펴보았다. 하지만 이와는 반대로 자기 비난이 아무런 이득이 되지 않고 에너지만 빼앗아 갈 수도 있다. 툭 하면 자기 비난이 자동 반사로 튀어나오고 상황을 제대로 헤아리지 못하면 부정적인 결과를 피할 수 없다.

우리는 마음속에서 일어나는 생각이나 대화를 제대로 듣지 않기에 스스로에게 어떤 식으로 말하고 있는지 잘 인지하지 못한다. 그러다 심리 상담 같은 특정한 일을 계기로 자신도 모르는 사이에 '바보 아냐, 네가 또 일을 망쳤어, 그런 쉬운 것도 몰라' 같은 친절과는 아주 거리가 먼 자기비판을 밥 먹듯이 해 왔다는 사실을 발견하고 깜짝 놀라게 된다.

자기비판이 어떤 식으로 이루어지고 있는지 확인해 보려면, 기분이 곤두박질치거나 불안이 느껴지기 시작할 때 주의를 기울인 다음 '내가 무슨 생각을 하고 있었지?' 혹은 '기분 변화가 감지되었을 때 나 자신에게 뭐라고 말했지?' 하고 자신에게 물어보아야 한다. 그중에서도 특히 '~해야만 한다'라는 표현에 주의를 기울여야 한다. 다시 말해, '그렇게 하면 안 되는 건데, 난 더 행복해야 하고 더 똑똑해야 하고 더 친절해야 해' 등 스스로에게 어떤 요구를 하고 있는지 살펴볼 필요가 있다. 왜냐하면 우리는 비판을 할 때 주로 '~해야만 한다'라는 표현을 쓰기 때문이다. 참고로, 비판은 밖으로 향할 수도 있고('너는 ~해야만 해') 안으로 향할 수도 있다('나는 ~해야만 해').

당신이 자신에게 말하는 방식은 특별히 바꾸려고 노력하지 않은 경우라면 어릴 때 부모님이 당신에게 말한 방식이나 어조를 닮아 있을 확률이 높다. 어릴 때 부모님이 자애로운 어조를 사용했다면 지금 당신은 자신에게 자애롭게 말할 것이다. 반대로 부모님이 비판적인 어조를 사용했다면 당신은 자신을 비판하려는 경향이 클 수밖에 없다.

자신을 공격적으로 대하고 있다는 깨달음은 상황을 바꾸기 위해 반드시 필요하다. 우선 자기비판이 건설적인 것인지 아니면 괜스레 기분만 망치는 것인지 알아야 한다. 후자의 경우라면 지금까지의 방식을 버리고 자신에게 친절하게 말하기를 시작하자.

자신을 친절한 눈으로
바라보는 연습

○

어쩔 수 없는 일에 대해 자신을 비난하는 나쁜 습관이 있다
면 이를 버리고 새로운 습관을 만들어야 한다.

습관을 바꾸는 데에는 꾸준함이 필요하다. 자신에게 친
절해지는 연습에 좋은 방법이 있다. 먼저 노트를 하나 준비
한다. 그런 다음 하루에 한 번 자신이 한 좋은 혹은 건설적
인 일을 노트에 적는다. 부모가 애정 가득한 눈빛으로 자식
을 바라보듯 자신을 바라보자. 의도는 좋았으나 원하는 결
과로 이어지지 않았을지라도 최소한 노력을 인정해 주고 노

트에 적어 본다.

마렌은 노트에 다음과 같이 적었다.

아침에 일어나자마자 동료를 친절하게 대해야겠다고 다
짐했다. 하지만 막상 출근하고 보니 이렇다 할 기회가 없
어서 이 결심을 잊어버렸다. 그래도 생각 자체는 좋았고
이런 생각을 했다는 게 기쁘다.

엘리베이터를 타고 싶었지만 꾹 참고 5층까지 계단으로
올라갔다. 계단을 이용하는 건 나 자신과 지구에게 좋은
일이다.

제스퍼에게 가고 싶은 곳이 없는지 물어봤다. 요즘 그가
너무 바빠서 조심스럽긴 했지만 용기를 냈다.

적어도 서너 달 동안은 새로운 습관을 지키는 연습을 해
야 한다. 뇌가 새로운 행동 방식에 익숙해지는 데 그 정도의
시간이 걸리기 때문이다.

연습하기

자기비판의 순간을 주의 깊게 관찰한다. 기분이 가라앉는 게 느껴지는 순간 "방금 무슨 생각이 스쳐 갔지?"하고 물어봄으로써 비판적인 목소리를 붙잡는다.

그다음 무슨 일로 자신을 탓하고 있었는지 적는다. 자기비판은 나쁜 습관에 불과하다는 사실을 깨달았다면 이를 건설적인 습관으로 바꾸려고 노력한다. 매일 노트에 그날의 말이나 행동 세 가지를 적고 칭찬하는 것을 3~4개월 동안 꾸준히 해 본다.

정리하기

안으로 향한 분노는 부정적인 영향뿐만 아니라 긍정적인 영향도 끼칠 수 있다. 내면의 분노는 어떤 중요한 일을 하도록 부추기는 긍정적인 결과를 낳을 수 있는 반면에, 스트레스와 우울증 같은 부정적인 결과도 가져올 수 있다. 자기비판이 너무 심해지면 에너지와 밝은 기분을 앗아 간다는 사실을 명심하고 안으로 향한 분노가 긍정적으로 작용하도록 유도하는 연습을 하자.

chapter

3

이 죄책감이
과연
내 것이
맞을까?

영향력과 죄책감은 서로 관련이 있다. 당신이 아무런 영향을 미치지 않은 상황이라면 그 상황이 잘못된 것은 당신의 탓이 아니다. 예를 들어, 어머니가 힘든 어린 시절로 인해 문제를 겪는 것은 당신의 잘못이 아니다. 또한 당신이 일하는 회사가 당신이 입사하기 전에 발생한 적자로 휘청거리는 것은 당신의 잘못이 아니다. 폭풍우가 항해 일정을 망친 것도 마찬가지다. 날씨는 당신이 어찌할 수 있는 게 아니니까.

어떤 사람이 아무런 영향력도 가지지 않은 것에 대해 그 사람을 비난하는 것은 말도 안 되는 일이다. 참고로, 사법 제도 역시 똑같은 관점에서 운영된다.

따라서 죄책감에 대해 무엇을 하고 싶다면 다음의 질문을 꼭 떠올려 보아야 한다.

내가 이 상황에 어느 정도 영향을 미치는가?

지저분한 부엌 상태에 죄책감을 느낀다면 '집에 있으면서 주 방을 깨끗하게 치울 시간이 있었는가?'라고 질문해 보면 된다. 이에 대해 '그렇다'라는 대답이 따라온다면 그 죄책감은 정당 하다.

> 1년 전쯤 극심한 스트레스로 제 일상이 완전히 무너져 버 렸고 병가를 낼 수밖에 없었어요. 하지만 문제는 여기서 끝나지 않았어요. 그전에 도와주기로 했던 친구 일을 취소 해야 하는 상황이 됐고, 아이 학교의 학부모 모임에도 참 석하지 못했어요. 친구는 제가 말을 바꿔서 기분 나빠 했 고, 아이 담임 선생님도 아주 중요한 모임이라며 들으란 듯 말했어요. 전 모든 게 제가 부족한 탓인 것 같아서 죄책 감을 느꼈어요.
>
> 그런데 제가 일련의 상황들에 얼마나 영향력을 가지고 있 었는지 자문해 보니 문득 안심이 됐어요. 아픈 건 제가 어 쩔 수 없는 일이잖아요. 비록 주변 사람들이 실망했다 하 더라도 전적으로 제 잘못은 아니라는 걸 깨달아서 너무나 다행이었어요.
>
> – 헬레네, 42세

한편, 어떤 문제에 대해 자신의 영향력이 얼마나 되는지와 더불어 중요한 질문이 또 있다.

상황에 영향력을 가진 사람이 나 말고 또 있는가?

죄책감
나누기

당신이 실제로 어떤 상황에 영향을 끼쳤을 수 있지만 생각했던 정도까지는 아닐 수도 있다. 우리는 상황에 대한 영향력이 부분적임에도 전적으로 책임을 질 때가 있다. 반대로 자신이 영향력을 끼친 상황임에도 책임을 극구 부인하기도 한다.

가족 생일 파티의 분위기가 험악해졌다고 치자. 이때 나쁜 분위기가 한 사람만의 잘못으로 조성된 경우는 드물다. 정도는 다를지언정 그 자리에 참석한 모든 사람들이 현장 분위기에 영향을 미친다. 그리고 이 분위기를 대하는 반응도 제각각이다. 어떤 사람들은 즉시 책임을 인정하는 반면, 어떤 사람들은 책임을 부정하는 반응부터 보인다.

'다 내 잘못이야'를 '난 이 상황에 영향을 끼치는 한 사람일 뿐이야'로 바꾸면 생각보다 엄청난 안도감이 밀려온다. 이와 비슷한 상황을 하나 소개한다.

소피의 딸 리네는 읽기 능력이 또래에 비해 많이 뒤처져 있었다. 소피는 자신이 딸과 충분한 연습을 하지 않았기 때문에 리네의 읽기 능력이 부진하다고 생각했다. 또 리네의 신체적, 심리적 컨디션이 괜찮은지, 리네가 자기 주도적으로 배우고 싶어 하는지에 대해 엄마로서 확신을 갖지 못한 자신의 잘못이 원인이라고 여겼다.

이와 같은 소피의 자기비판은 소피로부터 리네를 도와줄 에너지를 빼앗았다. 그러다 소피는 심리 치료사와 이야기를 나누면서 딸의 문제에 여러 가지 요인이 작용하고 있다는 사실을 깨닫게 되었다.

우선 이혼 후 따로 사는 리네의 아빠에게도 문제가 있었다. 리네의 아빠는 리네를 만나는 날 딸이 숙제를 하지 않아도 그냥 내버려두었다. 게다가 소피의 부모, 즉 리네의 조부모는 너무 바빠서 손녀인 리네에게 신경 쓸 여유가 없었다. 무엇보다 리네가 다니는 학교의 국어 교사의 자질에도 문제가 있었다.

리네의 아빠가 어렸을 때 난독증이 있었기 때문에 리네의 문제는 유전일 가능성도 있었다. 소피가 퇴근하고 집에 오면 너무 피곤한 탓에 리네의 숙제를 제대로 보아줄 여력이 없다는 것도 문제 가운데 하나였다.

소피는 각 요인의 영향력이 얼마나 큰지 가늠해 보았다.

- 유전적 난독증 : 30%
- 교사의 실력 부족 : 30%
- 숙제를 안 해도 아빠가 내버려두는 것 : 10%
- 조부모의 도움 부재 : 10%
- 소피가 매번 숙제를 보아줄 수 없는 것 : 20%

그녀는 영향력 목록을 바탕으로 원그래프를 그렸다.

이를 통해 소피는 리네의 읽기 능력이 부진한 것이 자신만의 잘못이 아니라는 점을 분명히 알 수 있었다. 비록 그녀의 잘못이 아예 없는 것은 아니나 그래도 만족스러웠다. 오히려 그녀의 잘못이 0%로 판명되었다면 그녀가 딸의 읽기 능력에 전혀 영향을 주지 않는다는 의미로도 해석될 수 있

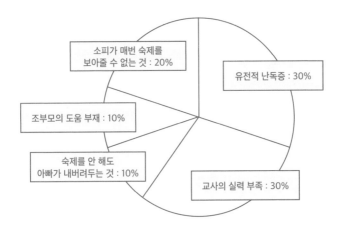

소피가 매번 숙제를
보아줄 수 없는 것 : 20%

유전적 난독증 : 30%

조부모의 도움 부재 : 10%

숙제를 안 해도
아빠가 내버려두는 것 : 10%

교사의 실력 부족 : 30%

었을 것이다. 그녀는 아이 엄마로서 그렇게 하찮은 존재는
되고 싶지 않았다. 정반대로 모든 책임이 그녀에게 있었다
면 그 역시 감당하기 힘들었을 것이다.

원그래프를 그려 보는 활동은 문제의 원인을 제대로 파악
하게 해 줌으로써 불필요한 자기비판을 줄이고 다른 사람들
과 책임을 나누도록 도와주었다.

이후 소피는 리네의 아빠와 대화를 나누면서 딸의 읽기
학습을 위해 아빠의 적극적인 도움이 꼭 필요하다고 전했
다. 그녀는 리네의 할아버지, 할머니에게도 자신의 부담감
을 조금이나마 덜 수 있게 도와 달라고 부탁했다. 또 학교에
연락해 리네가 보충 학습을 받을 수 있도록 조치했다.

이제 소피는 20%의 자기 책임을 충분히 감당할 수 있게 되었다. 정말 피곤한 날에는 리네를 방과 후 교실에서 평소보다 한 시간 늦게 데려오기로 했다. 그리고 그 시간에 휴식을 취하고 추후에 리네의 숙제를 보아줄 에너지를 충전하기로 했다.

자신 말고 다른 사람들도 죄책감을 느낄 이유가 있다는 깨달음은 소피에게 큰 도움이 되었다. 그녀는 죄책감을 분담함으로써 안도할 수 있었고, 주변 사람들도 리네의 조력자로서 기꺼이 책임을 다할 것을 약속했다.

죄책감을
나누어야 하는 이유

이렇다 할 이유 없이 쉽게 지치는 일상이 반복된다면 혹시 지나친 죄책감을 가지고 있는 것은 아닌지 의심해 보아야 한다. 많은 사람들이 자기비판과 자신에 대한 지나친 요구 때문에 지쳐 있다. 그러다 유난히 쉽게 기 빨리고 지치는 이유를 스스로에게서 찾으며 모든 게 다 자기 잘못이라고 생각하는 악순환에 빠지고 만다.

너무 많은 비난이 자신을 향하고 있지 않은지 알고 싶다면 비난을 밖으로 향하게 하는 실험을 해 보면 된다. 자신에게 물어보자.

문제에 책임이 있는 사람이 나 말고 또 누가 있는가?

그런 다음 목록을 만든다.

마틴은 늘 동료나 여자 친구보다 활력이 부족했다. 그는 자주 무기력감을 느꼈고 더 많은 일을 해내지 못하는 자신에 대한 불만이 컸다. 마틴은 피로감에 영향을 끼친다고 생각되는 사람들의 목록을 만들었다.

- ◦ 회사
- ◦ 여자 친구
- ◦ 주치의
- ◦ 부모님
- ◦ 동료나 친구

목록을 작성했다면 그들에게 편지를 써 본다. 실제로 보내지는 않고 오직 자신을 위해 쓰는 편지다. 단순히 놀이처럼 생각하면 된다. 보내지 않을 편지이므로 편지를 본 사람들이 뭐라고 하면 어떻게 할지 걱정할 필요도 전혀 없다. 편지를 쓰는 대상에게 문제에 대한 책임을 묻는다. 한 걸음 더 나아가 상황이 나아질 수 있도록 그들이 어떤 도움을 줄 수 있는지 제안해도 좋다.

마틴이 쓴 편지는 다음과 같았다.

부장님께

제가 회사에서 매일매일 피곤함에 절어 있다는 걸 알아차리지 못하셨나요? 일이 너무 많아서 그런 거라는 생각은 안 드세요? 아니면 제가 성과에 대한 인정을 못 받아서 그러는 거란 생각은 안 하시나요? 제가 활력을 되찾을 수 있도록 도움을 줘야겠다는 생각을 해 보신 적은 있나요? 그런 적이 없다면 지금부터라도 한번 생각해 보시기를 바랍니다.

마틴 드림

카밀라에게

내가 늘 피곤해한다는 거 눈치 못 챘어? 활력을 찾도록 당신이 도와줄 순 없을까? 난 당신의 사랑과 관심이 필요해. 다정한 당신의 말로 하루를 시작한다면 분명 에너지가 솟을 거야. 내가 당신이 시킨 일을 미처 못했을 때 짜증부터

내지 않으면 어떨까? 당신이 내 피곤함에 어떤 식으로 일조했는지 한번 생각해 보면 좋겠어.

마틴

의사 선생님께

제가 피로에 대해 여러 번 상담을 드렸잖아요. 하지만 그럴 때마다 선생님은 기계적으로 혈액 검사만 하고 검사 결과 아무 이상이 없다고 하셨죠. 전 그걸로 충분하다고 생각하지 않아요. 더 많은 걸 해 주세요. 다른 철저한 검사로 문제점과 치료법을 찾아 주세요.

마틴 드림

부모님께

저에게 행복하게 사는 법을 가르쳐 주셨다면 얼마나 좋았을까요.

마틴 드림

한스에게

몇 시간 동안 놀고 나면 내 기운이 완전히 빠져 버린다는 거 몰랐지? 한 번쯤은 왜 그렇게 피곤해하냐고 물어봐 주

면 좋겠어. 아니면 걱정거리라도 있는 건 아닌지 물어봐
줘도 좋고. 넌 뭐든 종알종알 다 얘기하잖아. 그런데 내가
네 얘기를 주야장천 기쁜 마음으로만 들을까? 항상 그렇
진 않아, 한스. 이제 내 얘기도 좀 하자.

마틴

분노를 밖으로 향하게 하는 행위는 심신의 활력을 북돋우
는 데 도움이 된다. 마틴은 편지를 쓰는 동안 양심의 가책이
덜어지는 것을 경험했다. 그는 종종 분노를 밖으로 향하게
할 필요가 있음을 깨달았다. 그리고 자신의 피로에 대해 주
변 사람들에게 적극적으로 알리기로 했다.

한쪽으로 치우친 저울의 균형을 맞추려면 다른 한쪽에도
무엇을 얹어야 하듯, 분노가 죄다 안으로 향해 죄책감이라
는 마음의 짐을 지우고 있다면 그 반대의 행위, 즉 분노를
밖으로 보내는 일이 필요하다. 그래야 건강에도 이롭다. 머
릿속으로 상상하거나 부치지 않을 편지를 써서 분노를 바
깥으로 보내 버리면 어떤 기분일지 경험해 보자. 혼자서 남
들의 책임까지 짊어지면 무겁고 버겁기만 하다. 뿐만 아니
라 책임이 있는 다른 사람들의 물리적, 정신적 자원도 활용

할 수 없다.

　한편, 극심한 양심의 가책은 한계를 정하지 못하게 만드는 엄격한 원칙 때문에 발생하기도 한다. 이 부분에 대해서는 4장에서 자세히 살펴보도록 한다.

연습하기

살면서 죄책감을 느꼈던 일에 대해 생각해 본다. 나 말고 그 상황에 영향력을 가진 사람이 누가 있는가?

그다음 목록을 만든다.

각자의 책임을 백분율로 따져 보고 원그래프를 만든다.

해당되는 사람들에게 당신의 기분이 나아지게 하려면 그들이 무엇을 해야 하거나 하지 말아야 하는지 편지를 쓴다. 단, 편지를 실제로 보내지는 않는다. 이 편지는 오롯이 당신을 위해 쓰는 것이다. 그저 당신의 죄책감을 다른 사람들과 분담하는 기분을 느껴 보면 된다.

정리하기

잘못된 상황은 그 상황을 통제하는 힘을 가진 사람에게 책임이 있다. 그러므로 상황에 영향을 주지 못한다면 그 결과는 당신의 책임이 아니다.

어떤 문제의 원인이 딱 한 사람에게만 있는 경우는 드물다. 바꾸어 말하면, 모든 문제에는 다수의 공범이 있고 당신은 그 가운데 일부인 것이다. 그러니 홀로 총대를 메고 모든 책임을 떠맡을 하등의 이유가 없다. 무엇보다 언제든 다른 사람들과 책임을 나누어 가질 수 있다는 사실을 알고 있는 것만으로도 커다란 위안이 된다.

chapter

4

인생 지도와
기본 원칙에
집중하기

자신이 얼마나 잘 살고 있는지의 여부는 외부 환경이나 삶의 여러 도전 과제와 관련이 있다. 그런데 성공이나 실패에 대한 판단은 주어진 상황에 대처하는 방식에 달려 있다.

니콜라이는 교육 자금 지원 요청을 거절당했다. 이에 대해 니콜라이가 '담당자는 내가 그다지 마음에 들지 않았나 봐.'라고 생각한다면 그는 불행해질 것이다. 혹은 '지원서를 더 잘 썼어야 했는데.'라고 생각한다면 자신에게 화가 날 것이다. 아니면 '내 학력이 이미 충분하다고 판단했나 봐.'라고 생각한다면 의지에 불타 다른 방법을 찾아보려고 할 것이다.

이처럼 사람마다 상황을 경험하는 방식은 크게 다르다. 기회에 어떻게 반응하느냐는 자신과 세상을 어떻게 보느냐에 달려 있다. 또한 개인의 인생 원칙도 영향을 끼친다. 상황은 마음대로 좌지우지할 수 없다 하더라도 대처법, 자신이나 자신의 삶에 대한 기대와 기준은 충분히 바꿀 수 있다. 지나치게 융통성 없

는 법칙, 케케묵은 기대, 죄의식을 불러일으키는 야망에서 벗
어나면 안도와 만족이라는 보상을 얻을 수 있다.

나만의
인생 지도

우리는 특정 상황에서 어떤 기대를 해야 하는지, 어떻게 하면 좋은 삶을 살 수 있는지 알려 주는 지도에 따라 살아간다.

이 지도는 오랜 고민 끝에 신중하게 만든 게 아닐 수도 있다. 어쩌면 별다른 고민 없이 부모로부터 넘겨받았을 수도 있다. 그렇다 하더라도 지도를 바라보는 비판적인 시각은 반드시 유지해야 한다. 머릿속에 어떤 지도가 그려지는가? 삶에서 어떤 도전 과제와 기회가 예상되는가?

지나친 기대는 양심의 가책을 느끼게 만들기 쉽다.

인생이 대체로 행복하리라는 기대가 있는 사람은 우울함이 닥치면 그 이유를 찾으려고 한다. 우선은 외부에서 이유를 찾으면서 가족, 직장 동료 등 불행의 씨앗이라고 생각하는 대상에게 화를 낸다. 그러다 그 화가 자기 자신에게 돌아가기도 한다.

'내가 문제인 게 분명해.'

당신이 태어나는 순간 누군가 삶에서 기대해야 할 것을 자세히 적어 놓은 지도를 주었다고 상상해 보자.

- 열심히 일하는 것은 삶의 일부분이다. 열심히 일하기 싫을 때도 있겠지만 어쨌든 일을 해야만 한다.
- 살다 보면 창피를 당하고, 역경과 재앙을 맞이하고, 사람들에게 실망하고 배신당할 것이다. 자신의 가치관에 부응하지 못하는 일도 생길 것이다.
- 최악의 날이 꽤 많을 것이다.
- 인생의 후반기에는 육체적 아름다움이 사라질 것이다.
- 결국 모든 것을 잃게 될 것이다.
- 때때로 기쁨, 사랑, 타인과의 친밀감을 경험할 것이다.
- 특별한 의미가 있는 순간이 있을 것이다.
- 역경을 성장의 기회로 활용하면 시련을 이겨 내고 좀

더 성숙해진 통찰에서 나오는 행복을 경험할 것이다.

○ 비통함에 사로잡히지 않으면 이기심을 버리고 사랑할 수 있으므로 나이 들어 육체는 약해질지언정 내면은 더 단단해질 것이다.

살다 보면
나쁜 날도 있다

○

살다 보면 힘든 날이 있다. 하지만 어떤 사람들은 삶의 시련을 좀처럼 받아들이지 못한다. 그저 화내고 절망하고 외부 요인들을 탓한다.

난 더 잘 살 자격이 있어.

이건 불공평해.

또 어떤 사람들은 모든 것의 원인을 내부로 돌린다.

나쁜 일을 피하려면 미리 준비해야 해.

내가 뭘 잘못하고 있는 거지?

분노가 바깥으로 향하든 안으로 향하든 부정적인 면이 깊이 파헤쳐지는 위험이 따른다. 힘든 일이 생겼다고 반드시 잘잘못을 따질 필요는 없다. 그보다 부정적인 생각에 빠져서 비통해하며 상황을 악화시키지 않는 게 더 중요하다.

슬픈 날은 성찰의 시간으로 활용할 수 있다. 내가 바꾸거나 할 수 있는 일이 있는지 생각해 보는 것이다. 단, 상태가 좋지 않은 날에 자신을 평가하기 시작하면 곱씹음과 자기비판이 상황을 걷잡을 수 없이 악화시킬 수 있다는 사실을 염두에 두어야 한다. 그런 날에는 다음과 같이 생각하는 게 훨씬 생산적이다.

이런 날도 있고 저런 날도 있지. 난 나한테 잘해 줄 거야.

더 좋은 날이 오기를 기다릴 거야.

고통을 통해 성장하고 성숙해지면 내 안에 행복을 위한 자리가 더 많이 생길 수 있어.

오늘은 성장을 위한 특별한 기회일지도 몰라.

오늘 하루 동안 울적한 사람들과 공감하는 연습을 하자.

물론 나 자신과도.

원래 날이 밝기 전이 가장 어두운 법이잖아. 오늘은 어제와 다른 새로운 행복이 시작될 거야.

삶에 대한 기대와 지도를 바꾸자. 내 잘못이 아닌데도 나쁜 하루가 찾아올 수 있다는 사실을 인지하면 죄책감이 줄어든다.

삶의 기본 원칙
점검하기

○

한 사회에 법과 규칙이 있듯 모든 개인에게도 자신만의 기본 원칙이 있다. 이 원칙은 부모로부터 물려받았거나 스스로 만들어서 지키고 살아온 것이다. 많은 사람들이 자신이 어떤 원칙에 따라 살아가고 있는지 정확히 알지 못한다. 그런데 자신이 따르는 기본 원칙은 삶에서 아주 중요한 요소로서 자세히 살펴보고 파악하지 않으면 안 된다.

삶의 기본 원칙은 선의에서 만들어지며, 우리의 행동을 유리한 쪽으로 통제한다. 또한 우리가 삶에서 좋은 것을 찾을 수 있도록 도와주는 내면의 안내자 역할도 한다.

자신이 어떤 기본 원칙을 따르며 살아가는지 점검해 보면 의도와 정반대의 결과로 이어지는 원칙이 하나 이상 보일 것이다. '도움이 필요한 친구를 절대 외면하지 않는다'라는 신조는 자신을 제대로 돌보지 못하게 만든다. '사람들에게 항상 완벽한 모습을 보여 주어야 한다'라는 신조는 삶을 고단하게 만드는 지름길이다. 이런 원칙들은 그 누구에게도 이득이 되지 않는다. 득보다 실이 많은 원칙이 여러 개라면 바꾸어야겠다는 동기 부여가 강하게 들기 마련이다.

당신의 기본 원칙은 부모로부터 나와서 자동적으로 체화된 것일 수도 있다. 어쩌면 스스로 어떤 원칙을 만들어 낸 사실조차 잊어버린 채 무의식적으로 그 원칙을 따르며 살아가고 있을지도 모른다. 이는 숟가락 사용법과 마찬가지다. 숟가락을 한 번도 사용해 본 적이 없으면 처음에 숟가락으로 음식을 먹는 게 무척 힘들다. 음식을 얼마나 퍼야 하는지, 어떻게 하면 들어 올릴 때 흘리지 않을 수 있는지, 입으로 어떻게 가져오는지 등등 알아야 할 것들이 많기 때문이다. 하지만 일단 사용법을 배우고 나면 굳이 생각할 필요도 없이 자동으로 숟가락 사용이 가능해진다. 심지어 어떻게 해서 숟가락 사용이 가능해진 건지 기억조차 나지 않을 수도 있다.

이와 비슷한 맥락으로, 어린 시절에 형성되어 현 상황에는 잘 맞지 않는 원칙을 해롭다고 자각하지 못하고 나이가 들어서까지 고수하는 사람들이 많다.

앞서 말했듯이 양심의 가책을 거의 느끼지 않는 사람들이 있는 반면에, 아주 사소한 실수에도 걷잡을 수 없는 죄책감에 사로잡히는 사람들이 있다. 전자의 경우 기본 원칙이 너무 물러서, 후자의 경우 기본 원칙이 너무 엄격해서일 수 있다.

엄격한 기본 원칙에는 아래와 같은 것들이 있다.

- 절대로 실수하면 안 돼.
- 항상 남에게 베풀어야 해.
- 절대로 다른 사람을 불행하게 만들어선 안 돼.
- 주변 사람들과 항상 잘 지내야 해.
- 다른 사람들보다 내가 낫다고 생각하면 안 돼. 설사 내가 낫더라도 좋아하면 안 돼.
- 분명한 이유 없이 남에게 짜증을 내면 안 돼.
- 다른 사람들에게 무엇을 기대해선 안 돼.
- 누구에게도 폐를 끼쳐선 안 돼.
- 누가 나에게 화가 났다면 반드시 그 사람이 나를 다시

좋아하게 만들어야 해.

◦ 나를 찾는 사람들에게 무조건 친절하고 행복한 모습
을 보여야 해.

◦ 도움이 필요한 친구를 절대 외면하면 안 돼.

죄책감을 유발하는
원칙 찾기

───────────────────┼───────────────────
○

살면서 하는 선택은 자신이 원하는 것과 지키고자 하는 가치 및 원칙의 타협일 때가 많다. 따라서 결정에는 그 결정을 내린 주체의 신조가 분명하게 드러난다. 예를 들어, '그냥 하고 싶은 대로 하는 게 어때?' 혹은 '하고 싶지 않으면 그만두는 게 어때?' 같은 질문에는 그 사람의 가치뿐만 아니라 원칙도 담겨 있다. '방해받고 싶지 않으면서 왜 엄마의 전화를 받았을까?'나 '피곤하고 힘들 거라는 걸 알면서 왜 잔업을 하겠다고 했을까?'와 같은 질문도 마찬가지다.

앞선 질문에 대해서는 다음과 같은 답이 나올 수 있다.

부모님을 절대 거절하면 안 돼.
항상 도움이 되는 존재가 되어야 해.

자기비판에 주의를 기울이거나 언제 무능감을 느끼는지 생각해 보는 것만으로 자신의 기본 원칙을 잘 알 수 있다. 이 때의 느낌과 연결된 생각을 한번 헤아려 보자. 이 순간 자신에게 뭐라고 말했는가?

제가 내린 결정이 마음에 들지 않는 결과로 이어지면 제 자신에게 너무 화가 나요. 알고 보니 저에겐 나쁜 결정을 내리면 안 된다는 법칙이 있더라고요. 노트에 적고 생각을 해 봤더니 그 법칙이 얼마나 우울한 자기비판을 만들어 내는지 알겠더군요.

– 에바, 29세

누구나 나쁜 결정을 한다. 우리는 미래를 예측할 수 없다. 그리고 자신이 내린 모든 선택에 따르는 결과를 미리 계산할 수 없으며, 대개는 오랜 시간이 지나서 결과를 알게 된다. 결정을 내리는 순간에는 알 수 없는 요인들이 가히 무서울 정도로 많다. 게다가 끝이 언제나 좋을 수도 없다. 또 다른 선택을 했더라면 더 좋았을 것이라는 사실을 나중에 알게 되기도 한다. 에바는 스스로 불가능한 요구를 하고 있다는 사실을 깨닫고 그 원칙을 없앴다. 그녀는 '누구나 가끔 나쁜 결정을 내린다'라고 적어 냉장고에 붙여 놓았다. 그랬더니 자기비판이 줄어든 것은 물론이고 결정을 할 때 초조함이 덜해졌다.

원칙이 엄격할수록 맞추기가 힘들어서 자기 분노의 희생양이 될 위험이 커진다. 그러므로 자신의 기본 원칙을 면밀하게 점검해 보는 일은 살아가는 데 아주 유익하다.

원칙을 찾고 나면 각각의 장단점을 서로 다른 두 장의 종이에 따로 적는다. 이 과정에서 효과적인 원칙과 득보다 실이 많은 원칙을 구분해 낼 수 있다.

원칙을
조율하는 방법

부적절한 원칙을 조금만 손보아도 죄책감과 자기비판이 줄어든다.

이와 관련해 몇 가지 사례를 소개한다.

거의 매일 자기비판으로 이어지는 원칙을 하나 발견했어요. 그건 바로 '체중을 80kg 이하로 유지해야만 한다'는 것이었죠. 그런데 제 몸무게는 보통 84kg 정도라서 체중을 줄이기 위해 발버둥을 칠 수밖에 없었어요.

고민 끝에 체중의 허용 범위를 84kg까지 올리기로 했어
요. 그랬더니 몸무게 때문에 스스로를 비난하는 일이 많
이 줄어들었어요.

－에릭, 47세

'항상 최선을 다해야 한다'라는 원칙을 '되도록 최선을 다
하되 피곤하고 기운 없는 날에는 대충해도 괜찮다'로 바
꾸니까 업무 시간이 훨씬 행복해졌어요.

－마르그레테, 27세

저에게 가장 심한 스트레스를 주는 원칙이 '항상 친구 옆
에 있어 줘야 한다'라는 걸 알게 됐어요. 그런데 통화하기
싫은데 친구한테 전화가 오니까 이 원칙이 문제가 되더라
고요. 전화를 받기 전부터 짜증이 난다는 사실을 미처 인
지하지 못했거든요. 친구의 전화를 기쁘게 받아야 한다고
생각해서 애써 짜증을 눌렀던 탓에 전화를 끊고 나면 너
무 피곤했던 거예요. 이제부턴 새로운 원칙을 만들기로 했
어요.

'친구의 전화를 꼭 받을 필요는 없다. 하루 안에만 연락해
주면 괜찮다.'

이렇게 새 원칙을 적어서 잊어버리지 않도록 냉장고에 붙여 놨어요.

– 안나, 19세

안나는 짜증을 느끼는 게 싫어서 그 감정을 안으로 돌리게 되었고, 이것이 결국은 자기비판이 되어 죄책감으로 이어졌다. 그럴 리 없겠지만 혹시라도 에너지 소진을 목표로 한다면 죄책감만큼 기막히게 효과적인 방법도 드물 것이다.

원칙을 바꾸고 싶다면 열심히 노력해야 한다. 머릿속으로 새로운 원칙을 세워 놓지만 말고 종이에 적어 계속 읽어 보아야 한다. 종이에 적는 게 그다지 내키지 않으면 여러 번 큰 소리로 말하는 것도 좋은 방법이다.

새로운 원칙을 연습하는 동안에는 기존 원칙의 실행을 멈추어야 한다. 즉, 그 원칙을 어기라는 뜻이다. 어기면 어길수록 원칙이 힘을 잃게 된다.

해로운 원칙은
가볍게 무시해 주기

○

원칙은 세상에 대한 어림짐작과 연관이 있다. 예를 들어, 다른 사람의 욕구가 자신의 욕구보다 더 중요하다는 원칙은 자신이 별로 중요하지 않은 존재라는 어림짐작과 관련이 있다.

원칙을 없애고 싶지만 어기기 힘들다면 그 원칙과 관련된 어림짐작이 무엇인지 생각해 보아야 한다. 보통은 다음과 같은 질문을 해 보면 알 수 있다.

- 내가 왜 ~해야 하지?
- 내가 ~하지 않으면 어떻게 될까?
- ~하지 않으면 안 되는 이유라도 있을까?

안나는 왜 항상 친구 옆에 있어 주어야만 하는지 스스로에게 물었을 때 처음에는 답을 찾을 수 없었다. 그도 그럴 것이 안나에게는 친구 옆에 있어 주는 게 숨쉬기처럼 당연한 일이었기 때문이다. 알고 보니 안나의 엄마가 늘 그런 식이었다. 안나의 엄마는 주변 사람들에게 시간을 내주는 일을 1순위에 두고 있었던 것이다. 친구의 전화를 받지 않으면 어떻게 될지 물었을 때 안나의 대답은 '친구가 화낼 것이다'였다. 하지만 반대로 친구가 전화를 받지 않을 때를 떠올려 보면, 나중에 친구가 다시 전화하리라는 사실을 알고 있기에 안나는 별로 신경을 쓰지 않았다.

안나는 이와 같은 질문하기 연습을 통해 원칙을 바꾸기 위한 마음의 준비를 했다.

새로운 선택을 하거나, 오랫동안 혹은 평생 해 온 행동을 갑자기 하지 않으면 당연히 불안하고 초조하다.

처음에는 안나 또한 친구의 전화를 받지 않았을 때 죄책감이 들었다. 자신이 형편없는 사람인 것만 같았다. 그렇지만 몇 번 연습을 하고 나니 조금씩 편해지기 시작했고, 시간이 지날수록 친구의 연락을 받지 못한 것에 대해 깊이 의식하는 일도 없게 되었다. 무엇보다 말하고 싶지 않을 때 말하지 않을 자유를 누릴 수 있다는 부분이 굉장히 만족스러웠다.

새로운 원칙에 따라 살아가려면 초기에 지대한 관심을 쏟아야 한다. 압박감, 두려움, 피로감이 몰려오면 평생 고수해 오던 원칙으로 되돌아가기 쉽다. 침착하게 새로운 방법을 시도하는 것과 달리 기존의 원칙을 따르는 것은 자동 반사적인 행동이라서 많은 에너지를 필요로 하지 않기 때문이다.

그러니 한 번씩 예전 습관으로 돌아간다고 하더라도 섣불리 실망하지 않도록 한다. 이는 지극히 정상적인 현상이다. 새로운 원칙을 꾸준히 실행하면서 마음에 새기다 보면 자연스럽게 예전의 원칙을 따르는 일이 줄어들 것이다. 새로운 원칙을 적어서 거울처럼 자주 보는 곳에 붙여 놓아 보자. 또는 친구에게 자신의 상황을 알리고 가끔 확인해 달라고 부탁해도 좋다.

원칙을 지키기 쉽도록 느슨하게 조율하면 죄책감이 줄어든다.

물론 변화는 두려움의 감정을 일으키기 마련이다. 이와 관련된 자세한 내용은 5장에서 살펴보도록 한다.

연습하기

삶에 대한 자신의 생각과 기대를 떠올려 본다. 그런 다음 이를 다른 사람들에게 말함으로써 자신이 가지고 있는 생각이 과연 현실적인 것인지 평가해 보자.

자신의 기본 원칙을 떠올려 본다. 자신이 선택을 하는 방법, 특히 실제로 원하는 것과 다른 일을 하게 되는 이유를 생각해 보면 도움이 된다.

기본 원칙을 적고 각각의 원칙을 평가해 본다.

죄책감을 느끼게 하는 원칙이 있는가?

원칙을 느슨하게 조율하면 어떤 장점이 있는가?

정리하기

생각과 기본 원칙은 우리가 느끼는 죄책감의 빈도와 강도에 큰 영향을 미친다. 행복과 성공에 대한 기대치가 높으면 삶이 원하는 대로 흘러가지 않을 때 자기 자신이나 타인을 탓하기 쉽다. 이때 기대를 적절하게 조율하면 스스로가 부족한 사람인 것만 같은 무능감이 줄어든다.

무조건 완벽해야 한다는 생각으로 엄격한 원칙에 따라 살아가면 죄책감이 너무 커져서 삶의 활력을 잃게 될 수 있다. 생각과 원칙을 돌아보면 작은 조율만으로도 큰 변화를 가져올 수 있다는 사실을 깨닫게 되며, 죄책감이 줄어들고 삶의 활력이 늘어난다.

chapter

5

두려움에
휘둘리지
않기

두려움은 죄책감의 일부분이다. 남들이 화를 낼까 봐, 거절당할까 봐 두려우면 타인의 기대에 휘둘릴 수밖에 없다. 한마디로, 쳇바퀴를 도는 햄스터가 되는 것이다. 아무리 노력하고 쉼 없이 달려도 누군가에게 싫은 소리를 들을 일은 생기기 마련이니 말이다. 다른 사람의 마음에 드는 데 급급하면 오히려 그들을 짜증 나게 할 위험도 크다. 온갖 방법을 동원해 좋은 사람이 되려고 애쓰면 사람들이 당신에게 열등감이나 죄책감을 느껴서 오히려 부정적인 태도를 보일 수 있기 때문이다. 게다가 남을 비난하기 좋아하는 사람들은 당신이 아무리 완벽해도 어떻게 해서든지 꼬투리를 잡을 것이다.

두려움과
친구 되기

○

양심의 가책은 불안을 다루는 인지 치료법과 같은 방법으로 다룰 수 있다. 그 방법은 바로 두려움의 대상에 노출시키는 것이다. 쉽게 말해, 엘리베이터 타기를 두려워하는 사람을 엘리베이터가 안전하다고 느껴질 때까지 계속 타게 만드는 것이다.

우리는 특정 감정이 두려우면 어떻게든 그 감정이 느껴지는 상황을 피하려고 한다. 비슷한 맥락에서, 양심의 가책을 느끼는 게 싫은 사람은 자신의 에너지가 허락하는 것 이

상으로 남을 위해 애쓴다. 그러다 보면 주변 사람들의 기대치가 점점 높아져서 정작 자신을 위해 쓸 시간은 줄어들고 만다.

이런 유의 사람들은 남을 도와주는 일을 줄여 버리면 분명 양심의 가책을 느낄 것이다. 그런데 이때야말로 죄책감과 친구가 되는 연습을 할 수 있는 절호의 기회다. 호기심을 가지고 죄책감에 대해 궁금해하고 죄책감이 절대 위험하지 않다는 사실을 계속해서 되새기자. 신체 근육을 단련하듯 죄책감을 견뎌 내는 능력을 단련하자. 열심히 할수록 잘하게 되고, 결국 주변 사람들의 기대도 줄어들 것이다.

> 전 평소에 스트레스가 아주 심해요. 제 자신을 우선적으로 돌봐야 한다는 걸 알면서도 동생이 아이들을 좀 봐 달라고 부탁하면 거절할 수가 없어요. 만에 하나 동생의 부탁을 거절하면 죄책감 때문에 그날 하루를 망쳐 버릴 거예요.
>
> – 헬레, 42세

헬레는 죄책감이 느껴질 때 곧바로 행동하지 않고 죄책감과 함께 머무르는 훈련을 하면 죄책감이 줄어든다는 사실을 알지 못했다. 그녀는 아이들을 돌보아 달라는 동생의 부탁을 거절하고, 대신 산책을 하며 휴식을 취했다. 그러다 보니 죄책감이 아예 없어진 것은 아니지만 죄책감에 익숙해진 덕분에 자유 시간을 즐길 수 있게 되었다.

죄책감은 여러 가지 상황에서 생길 수 있다. 특히 다른 사람의 기대나 가치에 부응하지 못할 때 느껴진다.

아버지는 늘 공부를 중요하게 생각하셨어요. 하지만 전 학업에 뜻이 없었고 온종일 컴퓨터 앞에 앉아 있는 직업을 가지고 싶지도 않았어. 가족 모임이 있을 때마다 가방끈이 긴 사촌들은 어려운 공부를 많이 했다고 칭찬받아요. 그때마다 아버지를 슬쩍 쳐다보면 아버지의 얼굴이 너무 슬퍼 보여서 제 마음이 안 좋아요.

— 캐스퍼, 32세

캐스퍼는 아버지의 기대에 부응하는 대신 자신의 길을 택했다. 그는 아버지가 소위 말하는 좋은 학위를 가진 다른 친척들을 부러워할 때마다 죄책감을 느꼈다. 오죽하면 단기 코스 같은 것에라도 도전해 볼까 고민하기까지 했다. 그래야 주변 사람들이 아들에 대해 물어볼 때 아버지가 할 말이 있을 테니까.

캐스퍼가 느끼는 죄책감은 일면 합리적으로 보이기도 한다. 하지만 설령 아버지가 가끔씩 슬퍼하는 이유가 캐스퍼 때문이라고 하더라도 책임감이 엉뚱한 사람의 어깨에 올라가 있다. 아버지에게 가족이나 친구에게 자랑할 만한 일을 만들어 주는 것은 캐스퍼의 의무가 아니다. 남에게 자랑할 수 있는 인생을 사는 것은 아버지 본인의 책임이다. 캐스퍼는 아버지로 인해 죄책감을 느끼더라도 자신이 진정으로 원하는 길을 가야 한다. 심리 치료사 벤트 포크는 이러한 형태의 죄책감을 '실존세existential tax'라고 부른다. 실존세는 바꾸어 말해 자기 자신에게 진실하기 위해 치르는 비용이다.

감정을
수용하는 방법

○

부모로부터 타인에 대한 분노나 실망을 견디는 법을 배우는 아이들이 있다. 이러한 부모들은 아이가 있는 그대로의 감정을 느끼도록 지지해 준다. 당연히 이와 같은 부모 아래에서 자란 아이들은 활기가 넘치고 인내심이 강하다.

그런가 하면 스스로의 감정을 다루는 데 문제가 많아 자녀의 감정에 적절하게 반응하지 못하는 부모 밑에서 자라는 아이들도 있다. 이러한 아이들은 특정 감정을 느낀다는 이유만으로 자신이 잘못되었거나 사랑받을 수 없는 존재라고 여긴다. 후자에 해당하는 사람들은 스스로의 존재와 감정을 있는 그대로 받아들이기 어렵다. 그리고 안에서 소란을 일으키는 감정들로 인해 어떤 게 최선인지 알면서도 그것을 끝까지 관철하지 못한다. 가령, 아이의 마음이 상하는 것을 극도로 두려워하면 아이에게 반드시 필요한 한계를 정해 주기 힘들어지고, 이것이 반복되면 결국 아이는 안하무인이 되고 만다. 상대방이 슬퍼하거나 화내는 것이 견딜 수 없으면 그 사람의 마음에 드는 행동만 하게 되는데, 이는 친밀한 관계와 바람직한 접촉이 가로막히는 결과를 초래한다.

죄책감을 피하고 싶을 때 사람들을 멀리하고 싶은 유혹이 들 수도 있다. 죄책감을 유발하는 원인을 없애면 되지 않을까 하는 마음에서다. 이웃이나 마트 직원처럼 거리가 있는 관계에서는 똑바로 행동하고 죄책감을 피하는 일이 비교적 쉽다. 하지만 가깝고 의미 있는 관계에서는 자기 자신으로 인해 상대방이 행복해할 수도, 반대로 불행해할 수도 있다. 즉, 중요한 관계일수록 자신의 실망스러운 행동에 대한 상대방의 실망감이 크다. 당신이 느끼는 죄책감 또한 마찬가지다. 의미 있는 관계일수록 죄책감을 제대로 다루지 않으면 심각한 문제가 될 수 있다. 다행히 스스로를 고립시키는 것 외에 다른 해결책이 있다.

훈련을 통해 불쾌한 감정을 견디는 방법을 배우면 관계가 편안해지고, 감정을 어떻게 행동으로 옮길지에 대해 침착하고 여유롭게 생각할 수 있게 된다. 불쾌한 감정을 견디는 방법은 다양하다. 상대방에게 진심으로 사과하며 잘못을 만회하겠다고 하거나, 아니면 자신에게 이렇게 말해 줄 수도 있다.

"양심의 가책은 살아 있기에 내야만 하는 실존세 같은 거나 마찬가지야. 주말에 혼자만의 시간을 갖는 대신에 내는 거지."

혼자만의 시간을 가지는 데에 약간의 양심의 가책이 느껴질 수는 있으나 이를 충분히 상쇄시킬 만한 주말을 보낼 수 있다. 가까운 사람이 마음에 들어 하지 않는 선택을 하는 데에는 큰 용기가 필요하지만 시간이 지나고 보면 그때 용기내기를 잘했다고 생각하게 될 것이다. 큰 틀에서 보았을 때, 홀로 주말을 보내는 동안 충전된 에너지는 다른 사람들과의 좋은 관계를 유지하는 데에 밑거름이 될 수 있다.

남의 마음에 들지 않아도
괜찮다

ㅇ

당시에는 모두를 만족시켰던 선택이 시간이 지나 불편한 결과로 이어질 수 있다. 반면에 다른 사람들이 마음에 들어 하지 않는 선택이었던 것이 장기적으로 모두에게 최선이 되기도 한다. 이와 마찬가지로, 타인의 욕구를 충족시키기 위해 자신의 필요를 무시하면 당장은 사람들의 마음에 들 수 있겠지만 나중에 관계를 끊고 싶어질 위험이 크다. 타인의 욕구를 충족하는 것의 절반만이라도 자신에게 우선순위를 두면 오히려 자신과 타인 모두에게 이익인 경우가 많다.

마트 계산대에서 사탕을 집어 든 아이에게 사탕을 사 준다고 가정해 보자. 아이는 물론 마트 주인도 마음에 들어 할 선택이다. 하지만 안 된다고 하는 편이 장기적으로는 더 만족스러울 것이다. 소리를 지르며 우는 아이와 짜증을 숨기지 않는 계산대 직원과 길게 줄을 선 사람들을 보며 순간적인 죄책감이 일어날 수는 있지만 자신의 결정을 단단하게 지켜 내는 것 자체가 성장이다. 약간의 고립감은 감수해야겠지만, 그 대신에 죄책감을 느끼는 게 문제가 아니라 죄책감을 피하려는 행동이 문제라는 커다란 깨달음을 얻을 수 있다.

연습하기

자신이나 타인의 분노나 판단을 두려워하는 감정에 주의를 기울여 본다. 그다음 호기심을 가지고 그 감정을 궁금해한다. 그 감정이 심각해지는 상황은 언제이고, 그다지 문제되지 않는 상황은 언제인가?

주변 사람들이 탐탁지 않아 하더라도 스스로의 가치를 끝까지 따르는 실험을 해 본다. 처음에는 작게 한 걸음씩만 내디뎌도 좋다. 사람들이 마음에 들어 하지 않을 것 같아도 자신의 의견을 관철해 보자. 행여 부정적인 반응이 나오더라도 심호흡을 하고 자신의 감정에 집중한다. 재빨리 변명하고 사태를 수습할 필요는 없다. 불안한 감정을 그냥 두고 지켜보자.

정리하기

죄책감에는 자신 또는 타인의 분노나 의견에 대한 두려움이 가득 담겨 있다. 두려움 때문에 어떻게든 사람들의 기대에 부합하고자 노력하지만 결국에는 아무도 만족시키지 못한다. 아무리 열심히 노력해도 사람들은 항상 당신에게 더 많은 것을 원하기 때문이다. 게다가 이렇게 의미 없는 노력을 계속하다 보면 지칠 대로 지치고 스트레스에 시달릴 위험까지 있다.

두려움과 친구가 되어 보자. 두려움을 느낄 때 즉각적으로 행동에 나서지 말고, 자신을 고립시키지도 말며, 두려움을 없애려고 발버둥 치지도 말자. 자기 자신에게 집중하고 두려움을 감당하는 연습을 하자.

chapter

6

피해 의식의
다른 말은
책임 회피다

죄책감을 자주 느끼는 사람 옆에는 자신의 책임을 회피하고 남에게 다 떠넘겨 버리는 사람이 몰려들기 마련이다. 진취성이나 추진력이 부족한 사람의 자리를 끊임없이 대신 메워 주어야 하는 관계에 빠지지 않으려면 책임감 없는 사람을 알아보는 게 중요하다.

대부분의 사람들은 책임감이 너무 지나치거나 반대로 책임감이 너무 없는 부류같이 극단적으로 나누어지지 않는다. 이보다 어떤 부분에서는 책임감이 강하고 또 특정 시기에는 책임감이 부족해지는 식의 모습을 보인다.

책임감의 부재는 자신감이 부족한 결과일 수도 있다. 나의 아버지는 육아에 무척 소극적이었다. 아마도 어머니가 워낙 잘하고 있어서 자신이 육아에 도움이 될 수 있다는 생각 자체를 못한 듯하다. 그러나 아버지는 경제적인 문제에 있어서만큼은 책임감이 무척이나 강했다.

분야에 따라 책임감의 정도가 다르듯 사람마다 책임감의 정도
가 다를 수 있다.

그중에서 책임감의 부재가 가장 극단적인 형태로 나타나는 게
바로 스스로를 피해자로 인식하는 것이다.

피해 의식의
문제점

때로 우리는 자신을 불친절한 타인의 피해자로 본다. 이것은 나쁜 일에 대해 무조건 자신 이외의 것을 탓하는 사고방식이다. 이런 관점에서 보면 자신은 아무 잘못이 없으며 사람들에게 부당한 대우를 받은 것이다. 이와 같은 유형의 사람들은 십중팔구 무력감과 취약함도 느낄 것이다. 그러면서 분노를 특정 대상에 돌리기도 한다. 이는 극단적인 책임 회피 행동이다. 자신을 희생양으로 여기는 피해 의식은 실제 현실을 반영할 수도 있다. 우리는 숨어 있다가 갑자기 튀어나온 시련―질병, 주변 사람의 죽음, 강도 사건, 직장에서의 괴롭힘, 신체적·정신적 폭력 등―에 속수무책으로 당한다.

폭력이나 괴롭힘을 당한 사람은 명백하게 피해자로 분류할 수 있다. 하지만 우리가 긍정적인 범주에 넣어 왔던 요소들, 이를테면 재능이나 높은 윤리적 기준 같은 것들이 피해자를 양산하기도 한다.

물론 누구나 인정하는 진정한 피해자도 존재한다. 하지만 우리는 그렇지 않은 경우에도 무의식적으로 스스로를 무고한 희생양으로 여기고 모든 문제를 남 탓으로 돌리는 경향이 있다.

다음은 자신이나 가까운 사람이 피해 의식에 빠지면 어떻게 되는지 설명해 주기 위한 가상의 사례다.

마리아는 자녀들에게 부당한 대우를 받고 있다고 생각했다. 갖은 고생을 해 가며 자식들을 다 키워 놓았는데 성인이 되고 나니 1년에 고작 몇 번 찾아오는 게 다였기 때문이다. 그녀는 집에 찾아온 손님들에게 자식들이 너무 이기적이고 배은망덕하다고 화를 냈다.

마리아는 자신을 무고한 피해자로 여겼기 때문에 상황을 바꾸기 위해 자신이 할 수 있는 일이 없다고 단언했다. 하지만 다음처럼 그녀가 시도해 볼 만한 일들이 꽤 있다.

- 자식들에게 친근하게 다가갈 수 있는 방법을 찾는다.
- 시간을 함께 보낼 다른 사람들을 찾는다.
- 취미를 찾는다.
- 부정적인 생각에서 탈피할 수 있도록 전문적인 도움을 받는다.

마리아는 자식들이 바뀌어야만 자신의 상황이 나아질 수 있다고 생각했다. 바꾸어 말해, 자신의 책임을 완전히 회피하고 있었다.

아이들은 성인 보호자의 피해자가 될 수 있다. 아이들은 상황을 개선하기 위한 선택을 자력으로 할 수 있는 기회가 성인만큼 많지 않다. 하지만 성인이 되었음에도 자신이 무력하다고 생각한다면 이는 비현실적인 망상이나 다름없다. 자신의 책임을 부정하고 남에게 책임을 전가하는 어른은 자신뿐만 아니라 타인에게도 커다란 문제를 일으킨다. 이는 그들이 나쁜 사람이기 때문이 아니라 파괴적인 행동 패턴에 갇혀 과거에서 벗어나지 못하기 때문이다. 보통 이런 사람들은 어린 시절에 겪은 끔찍한 트라우마를 계기로 이른바 '피해자 역할'을 자처하게 되는 경우가 많고, 피해자를 연기하며 자신의 트라우마를 부분적으로 또는 완전히 억눌러 버린다.

앞서 말했듯 항상 피해 의식에 빠져 있는 사람은 없고 반대로 절대 피해 의식에 빠지지 않는 사람은 없다. 다만 압박감이 심한 상황에서는 누구나 피해 의식의 덫에 빠질 수 있다.

피해자의
덫

다른 사람을 조종하거나, 권력을 손에 쥐거나, 상대방의 위신을 떨어뜨리기 위해 의도적으로 피해자인 척하는 사람들이 있다. 그렇지만 보통 피해자를 연기하는 사람들은 시간이 갈수록 자신의 행동 패턴에 스스로 걸려듦으로써 위축될 수밖에 없다. 상황이 감당할 수 없게 흐르거나, 자신에게 질려 버리거나, 불안감이 극도로 심해지면서 스스로 작아지는 것이다.

피해자 역할은 견딜 수 없는 현실에 대한 하나의 방어책이 되기는 한다. 갑작스럽게 가까운 사람의 죽음을 겪으면 남겨진 사람은 그 죽음에 책임이 있다고 생각되는 것들에 화를 낸다. 그러다가 충격이 가라앉으며 타인을 향한 분노 또한 지나간다. 이후에 애도의 과정이 시작되면서 바깥으로 향해 있던 무분별한 분노를 거두어들이고 감정을 추스를 수 있게 된다.

피해자 사고방식의 메커니즘을 이해하려면 이와 비슷한 감정을 느꼈던 상황을 떠올려 보면 된다. 예상하지 못한 돈이 청구되었을 때, 거절당했을 때, 다른 사람이 불같이 화를 내서 충격을 받았을 때, 벅찬 일을 맡았을 때 등, 누구나 일시적으로나마 험한 세상의 희생양이 된 듯한 기분을 느낀 적이 있을 것이다.

나도 비슷한 일을 겪은 적이 있다.

덴마크 쥬르슬란드에서 목사로 활동할 때였다. 나는 교구위원회가 나를 괴롭히는 것 같은 생각에 사로잡혀 피해자를 자처하게 되었다. 친구들은 내가 수시로 불평을 털어놓으며 도움을 요청하는 바람에 점점 지쳐 갔다. 나는 나대로 필요한 결정을 내리지 못해 힘들었고, 친구들은 친구들대로 이런 나에게 어떻게 해 주어야 할지 몰라 난감해했다. 솔직히 그때의 나는 선택의 여지가 있다는 사실조차 인정하지 못했다.

몇 년 후 상황에서 멀어지고 나니 그제서야 전에는 보지 못했던 것들이 보이기 시작했다. 우선 교구 의회에게 있어 나는 그저 말 많고 까다로운 협상 상대 중 하나일 뿐이었다. 무엇보다 국립 교회의 구조적인 문제는 나는 물론이고 의회 또한 감히 건드릴 수 없는 부분이었다.

피해자 역할에 익숙해져 버리면 세상을 흑백으로 보기 쉽다. 그리고 다른 사람의 처지에서 생각해 보고 싶은 마음이 전혀 들지 않는다. 이럴 때는 상황에서 조금만 떨어지기만 해도 새로운 것이 보인다.

어린 시절의
해결되지 않은 감정

피해자 역할에 갇힌 성인이 어렸을 때는 진짜 피해자였을 가능성이 크다. 분노는 갑자기 튀어나오는 게 아니기 때문이다. 분명히 과거에 분노의 감정이 적절하고 타당했던 적이 있었을 것이다.

잉게의 어머니는 툭하면 죽어 버리겠다는 말로 주변 사람들을 협박했다. 그래서 잉게는 열 살 무렵부터 학교에서 집에 돌아왔을 때 어머니가 보이지 않으면 공포에 질리곤 했다. 하지만 잉게는 그때의 감정과 단절된 듯했다. 줄곧 좋은 부모

밑에서 행복한 어린 시절을 보냈다고 주장해 왔기 때문이다.

성인이 된 그녀는 끊임없이 피해자 역할에 빠져들었다. 예를 들어, 그녀는 일을 맡긴 사람이 자신을 속였다고 확신했다. 그래서 주변의 모든 사람들에게 그 사람을 욕하며 모두가 그를 싫어하게 만들기 위해 애썼다. 할 수만 있다면 그 사람을 업계에서 영영 퇴출시키고 싶었다. 잉게는 늘 이런 식으로 분노를 표출했다.

어린 시절 잉게는 상황에 대한 자연스러운 반응으로 일어나는 불안과 분노를 견딜 수 없었다. 당시 어떤 어른도 잉게가 감정을 잘 다루도록 도와주지 않았다. 즉, 상황을 있는 그대로 보고 느끼도록 이끌어 주는 사람이 전혀 없었다.

어른이 된 그녀는 심리 치료사의 도움으로 과거의 감정을 다루기 시작하면서 과거와 현재의 감정을 연결시킬 수 있게 되었다. 하지만 그녀는 감정을 마주할 용기가 아직 없었다. 마음이 그 정도로 단단하지는 못했기 때문이다. 그러자 잉게는 어린 시절의 억압된 분노를 주변 사람들에게 쏟아 내기 시작했다. 심지어 그녀는 현재와 아무 상관도 없는 감정을 빌미로 다른 사람들을 괴롭히고 있다는 사실을 인식조차 하지 못했다. 그녀는 자신은 잘못이 없으며 타인들이야말로 자신을 괴롭히는 악당이라고 주장했다.

연습하기

피해자라고 생각했던 때를 생각해 본다. 정말로 피해자였는가, 아니면 당시에는 미처 보지 못한 다른 선택지가 있었는가?

정리하기

남에게 책임을 떠넘기는 것이 문제가 되는 이유는 상황을 해결하기 위해 아무것도 하지 않게 되기 때문이다. 상황을 바로잡을 수 있는 건 오로지 자신뿐임에도 불구하고 말이다.

스스로 피해자라고 생각하는 사고방식은 가장 나쁜 책임 회피의 형태다. 어른에게 의존할 수밖에 없던 어린 시절에는 정말로 피해자가 맞았다. 하지만 어른이 되어서까지 스스로를 피해자라고 생각하는 사람은 자신의 부정적인 행동 패턴과 아무것도 하지 않는 무책임함의 피해자 그 이상도 이하도 아니다.

chapter

7

건전하게
퇴행하기

피해자의 역할을 맡으면 성인인 자신의 모습이나 성인으로서 가진 능력과의 연결 고리가 끊어진다. 심리 치료에서는 이를 퇴행이라고 부른다. 퇴행은 과거의 발달 단계로 돌아가는 것이다. 기저귀를 뗀 아이가 동생이 태어나거나 유치원에 입학하면 다시 오줌을 싸기 시작하거나, 평소 대화와 협상에 능숙한 성인 여자가 무서울 정도로 강렬한 분노를 느끼거나 눈앞에 맞닥뜨린 시련에 대처할 수 없을 때 어린아이처럼 우는 행위는 전형적인 퇴행의 예라 할 수 있다.

지나치게 책임감이 강하고 쉽게 양심의 가책을 느끼는 사람은 퇴행 신호가 나타날 수 있는 1순위 후보자다. 지나치게 책임감이 강한 사람과 지나치게 책임감이 부족한 사람은 퇴행의 완벽한 한 쌍이다. 책임을 대신 떠맡으면 상대방을 퇴행 상태에 빠뜨릴 수 있으니 조심해야 한다.

퇴행의 메커니즘을 이해하기 위해 이 장을 읽으면서 자신에게 퇴행이 나타났던 상황을 떠올려 보자. 자주 일어나는 일은 아니겠지만 그때의 경험을 통해 왜 퇴행이 일어났는지 이해할 수 있을 것이다.

좋은
퇴행

누구나 어른다운 행동과 흔들림 없는 통제력을 포기하고 싶을 때가 있다. 특히 가까운 관계에서는 상대방의 퇴행을 쉽게 허락할 수 있다.

감당할 수 없는 문제가 생겼을 때 잠시 내려놓으면 큰 안도감이 느껴진다. 문제를 직접 해결할 필요가 없는 어린아이가 되어 그저 누군가에게 속마음을 털어놓으며 울거나 안기는 것이다. 이는 인생의 시련을 마주할 용기가 생길 수 있도록 재충전을 하는 일종의 돌봄이라고 할 수 있다.

단, 퇴행 상태에서 최대한 빨리 빠져나와 어른으로 되돌아온 다음 스스로 행동하고 필요한 결정을 내리지 않는다면 바람직한 퇴행이라 할 수 없다.

나쁜
퇴행

───────────────┼───────────────
                ○

퇴행 상태에 빠지면 자신이 처한 상황을 누가 도와주기를 은근히 바라게 된다. 스스로 할 수 있는 일이 많으며 내가 나를 도울 수 있다는 사실을 잠시 잊어버리는 것이다.

스트레스가 심했던 어느 날 저녁 문을 쾅 닫다가 손가락을 찧었어요. 응급실에 가야 할지 잠시 고민하다 남자 친구한테 전화를 했어요. 남자 친구는 전화를 받지 않았고 다시 연락도 없었어요. 시간이 지나도 전화가 오지 않자 짜증이 나기 시작했어요. 방 안을 왔다 갔다 하며 시계만 쳐다봤어요. 버림받은 기분이 들어 계속 전화를 걸었고 울면서 메시지를 남겼어요. "어떻게 나한테 이럴 수 있어!"라고요.

세 시간 후에 드디어 남자 친구에게서 전화가 왔어요. 집에 있었는데 휴대폰이 무음으로 설정된 걸 몰랐대요. 당장 오겠다고 하더군요.

남자 친구와 이야기를 나누고 나니 흥분이 조금 가라앉았어요. 제 행동이 부끄럽기도 했고 왜 남자 친구 말고 다른 사람에게 전화하거나 인터넷을 검색해 보거나 간호사인 여동생에게 손가락 사진을 찍어 보낼 생각을 못했을까요. 제가 할 수 있는 일이 많았는데 꼭 캄캄한 구덩이에 빠진 것처럼 아무것도 안 보였거든요. 옆에 남자 친구가 없으니 제 자신이 너무 무기력하게 느껴졌어요.

– 마렌, 27세

피해자 역할은 배고픈 아기와 같이 매우 강력한 힘을 가진 무기력하고 퇴행적인 분노의 특별한 형태다. 피해자는 자신이 남들 때문에 곤경에 처한 힘없고 죄 없는 사람이라고 생각한다.

피해자의 덫에서
빠져나오는 방법

말했듯이 피해자는 퇴행 상태에 놓여 있다. 스스로 피해자라고 느끼면 성인으로서 가진 능력과 선택권을 어느 정도 간과해 버린다. 성인을 어린아이처럼 만드는 것은 불안과 초조함인데, 이를 극복하고 어른으로 돌아가는 데에 다음의 연습이 도움이 될 수 있다.

엄청난 난관에 직면했던 상황을 생각해 보고 그 내용을 목록화해서 적은 후 다음 질문에 답한다.

○ 난관을 어떻게 다루었는가?

○ 어떤 능력을 썼는가?

　내가 이 방법을 생각해 낸 것은 다음 날 아침에 쥐덫을 확인할 사람이 나밖에 없다는 사실을 깨달은 어느 저녁이었다. 그날 나는 소파에 웅크리고 앉아 있었다. 쥐의 몸 일부가 잘린 채로 덫에 걸려 아직 살아 있거나 내 옆을 기어가고 있을지도 모른다는 상상을 하며 목구멍이 따갑도록 침을 연달아 삼켰다. 그러고는 내일 아침이 와도 절대로 쥐덫을 확인하지 않을 것이라고 결심했다. 아니, 확인할 수 없을 것 같았다.

　다행히 퇴행에서 빠져나오는 방법이 떠올랐다. 나는 살면서 마주한 난관들을 생각해 보기 시작했다. 한번은 바다 멀리까지 떠내려가는 바람에 물살을 거슬러 해안 쪽으로 온 힘을 다해 헤엄쳐야 했었다. 온몸이 아프고 바다 한가운데에서 계속 빙빙 도는 것 같았지만 멈추지 않았다. 접촉 사고도 기억해 냈다. 상대 운전자가 차 밖으로 달려 나와 나를 무섭게 노려보았었다. 차에서 내리기 싫었지만 어쩔 수 없었다. 마지막으로 출산 후 합병증으로 고생했던 때가 생각났다. 이런 일련의 난관들을 떠올려 보고 나니 실은 내가 그 어떤 끔찍한 상황 앞에서도 마음을 가다듬고 해야 할 일을 하는 끈기 있는 사람이라는 것을 알 수 있었다.

소파에 똑바로 앉아 눈앞에 닥친 문제에 대해 찬찬히 다시 생각해 보기 시작했다. 다음 날 아침 나는 맞닥뜨려야 할 시련에 충분히 대처할 수 있는 사람이 되어 있었다. 나는 죽은 쥐를 쓰레기통에 넣는 일에 성공한 후 이루 말할 수 없는 자부심과 행복감을 느꼈다.

이처럼 퇴행에서 벗어나 행동하면 만족스러운 보상이 기다리고 있다.

다른 사람을 피해자의 덫에서
빠져나오게 돕는 방법

피해자 역할에 갇힌 사람이 가까운 친구나 가족이라면 그들이 퇴행에서 빠져나올 수 있도록 도와주어야 한다. 그들에게 과거에 시련을 이겨 냈던 경험을 떠올려 보라고 하거나 당신이 알고 있는 사실을 짚어 준다.

"해고당했을 때 집을 팔아야 할 뻔했지만 잘 헤쳐 나갔던 거 기억나지? 그때도 꿋꿋하게 이겨 냈잖아. 넌 정말 강한 사람이야."

단, 상대방이 다른 사람들에 대해 불평하는 것을 들어주는 일은 아무 도움이 되지 않는다. 아마 화낼 이유가 전혀 없다는 사실만 확인하게 될 것이다. 상대방이 "정말 어처구니가 없어." 혹은 "그 사람은 부끄러운 줄 알아야 해." 같은 말을 할 때, 맞장구를 쳐 주면 상대방의 기분이 나아지고 분위기도 한결 좋아지겠지만 잠깐뿐이다. 장기적으로는 모두에게 이득이 되지 않으며, 상대방이 과거에서 헤어 나오지 못하고 옛 기억에 계속 갇혀 있는 데 일조하는 셈이 되어 버린다. 이보다는 상황을 개선하기 위해 할 수 있는 선택이 뭐가 있는지 말해 주는 게 훨씬 생산적이다.

상대방이 당신의 제안을 귀담아듣는다면 진짜 피해자였던 어린 시절에 대한 이야기로 깊게 들어가 볼 수도 있다. 이를 통해 상대방이 어린 시절의 상처를 돌아보고 과거가 일으키는 감정을 있는 그대로 수용할 수 있게 되면 과거에 얽매인 채 다른 사람들을 괴롭힐 필요가 없어진다.

그러나 상대방이 과거의 수렁에서 벗어나고자 하는 의지가 없을 수도 있다. 이는 자신을 무고한 희생양으로 보는 것이 훨씬 유리하고, 과거를 마주 보는 일은 상당한 용기가 요구되기 때문이다.

상대방이 끝내 의지를 보이지 않는다면 당신이 할 일은 그 사람에게 휘둘리지 않도록 스스로를 돌보는 것이다.

연습하기

퇴행 상태에 빠졌던 때를 생각해 본다. 자신이 어른이고 어른으로서 할 수 있는 일들이 많다는 사실을 완전히 잊어버렸는가, 아니면 짧고 건전한 퇴행이었는가?

과거에 시련을 잘 헤쳐 온 경험을 적는다. 그러고 나서 잘 보이는 곳에 붙여 놓는다. 이는 다음번에 도저히 해결할 수 없을 것 같은 문제에 부딪혔을 때 도움이 될 것이다.

정리하기

누군가에게 위안을 받는 과정에서 일어나는 바람직한 퇴행은 짧은 시간 동안만 이어지며 우리에게 필요한 안도감을 준다. 하지만 퇴행이 오래 지속되면 퇴행에 빠진 당사자뿐만 아니라 가까운 사람들에게도 문제가 될 수 있다.

퇴행에 빠진 사람을 도와주려면 그 사람이 퇴행에서 빠져나와 성인으로 돌아가게 해야 한다. 그래야 책임 의식을 가지고 문제를 해결하는 방법을 찾을 수 있다.

친구나 가족이 끝내 퇴행에서 벗어나려고 하지 않는다면 해로운 영향을 받지 않도록 조심하며 자신을 지켜야 한다.

chapter

8

적당히
선
긋기

앞서 언급했던 잉게의 이야기로 돌아가 보자. 그녀는 피해자인 것처럼 행동할 때가 많았다. 수리 기사, 의사, 공무원 등 다른 사람으로부터 부당한 대우를 받았다고 느끼면 늘 그랬다.

잉게의 딸 조세핀은 그런 어머니가 자초하는 갈등에 휘말리는 것을 피할 재간이 없었다. 그도 그럴 것이 잉게의 분노는 강력한 힘을 지니고 있었는데, 목숨의 위협을 느꼈던 어린 시절에서 비롯된 것이었기 때문이다. 갈등이 발생할 때마다 잉게의 감정은 무서운 기세로 폭발했다.

어린 시절의 조세핀은 엄마가 세상의 '나쁜 사람들'과 싸울 때 엄마를 도와주고 편들어 주기 위해 최선을 다했다. 하지만 조세핀은 엄마가 자신에게 그런 역할을 맡길 때마다 죽을 만큼 힘들었다. 그녀는 극도의 두려움을 수차례 경험했다. 한번은 무용 발표회 무대에서 엄마가 만들어 준 예쁜 원피스를 입고 오줌을 싼 적이 있었다. 엄마는 조세핀이 자신의 하루를 망쳤고 예쁜 옷을 만들어 자랑하는 즐거움마저 빼앗아 버렸다며 분노했다. 조세핀은 너무 수치스러워서 그저 사라지고 싶었다.

잉게는 자신은 지극히 착하고 무고한 희생양일 뿐 남들이 나쁜 것이라고 굳게 믿었다. 조세핀은 어릴 때는 그런 엄마의 모습을 두말없이 받아들였었다. 하지만 이것이 심각한 문제가 되고 말았다. 엄마처럼 아름답고 죄 없는 사람은 오로지 긍정적인 감정만 느껴야 한다는 잘못된 믿음을 가지게 되었기 때문이다. 조세핀은 자신의 솔직한 감정을 무시하기 위해 갖은 애를 썼다. 하지만 조세핀의 속에서는 자신을 둘러싼 모든 상황이 비현실적이고 완전히 틀렸다는 마음이 점점 커지고 있었다.

피해자는
자기 억압을 요구한다

잉게는 어린아이 같은 생각을 고집했다. 그녀는 세상 모든 사람이 자신의 감정과 욕구를 중요하게 생각해 주지 않는다고 여겼다.

옆에서 아이가 괴로워하면 당신은 본능적으로 자신을 잊어버리고 아이를 달래 주는 데 온 관심을 쏟을 것이다. 괴로워하는 어른이 옆에 있어도 마찬가지다. 그런데 이런 일이 반복적으로 생기는 데에 작용하는 메커니즘을 모른 채 휘말리면 문제가 된다. 도움이 필요한 사람이 조금만 피곤해 보여도 반사적인 행동이 튀어나오기 때문이다.

퇴행에 빠진 어른은 주위 사람들이 자신의 욕구를 가장 우선시하게 만들려고 한다. 그들의 애처로운 모습 뒤에 감추어진 진실을 간파하기란 쉽지 않다. 왜냐하면 그들은 아이처럼 징징거리는 목소리나 간절한 표정 같은 비언어적 방법으로 신호를 보내기 때문이다. 이러한 모습을 보면 아이를 대하듯 도와주고 싶은 마음이 들면서도 반발심이 일어난다. 처음에는 그 사람이 받는 것을 당연하다고 여기는 아이인 척하는 엄연한 어른이라는 사실을 알아차리지 못해서 별다른 의심 없이 도와줄 수 있다. 그렇지만 퇴행이 잠깐이 아니라 오랫동안 이어지면 그 사람을 받아 주는 상대방은 무엇이 잘못되었다는 사실을 알아차릴 수밖에 없다.

피해자와 함께 있으면 다양한 감정을 느끼는 게 허락되지 않는다. 피해자가 긍정적으로 대우받기만을 고집하기 때문이다. 답답하고 짜증이 나는데 여러 감정이 비집고 들어갈 자리가 있겠는가. 상대가 퇴행에 빠진 어른이라는 점을 간파하지 못하면 당신은 짜증의 화살을 자신에게로 돌려 죄책감을 느끼고 자신이 틀렸다고 생각한다.

어디까지
받아 줄 것인가

○

기본적으로 화가 많고 흑백 논리로 생각하는 사람을 상대하고 이야기를 들어주는 것은 너무도 스트레스받는 일이다. 그들은 독선적인 분노를 뿜어낸다. 특히 가까운 사람이면 더욱 거슬리고 짜증 날 수밖에 없다. 잉게의 딸은 말했다.

엄마가 누구한테 부당한 대우를 받았다고 분노할 때마다 그 얘기를 듣는 것만으로 화가 치밀었어요. 어느 날 회사에서 전화로 한참 동안 엄마 얘기를 들어줬어요. 전화를 끝자마자 갑자기 동료가 물어볼 게 있다고 제 사무실로 들어왔어요. 그런데 동료에게 답해 주는 제 목소리에 짜증이 잔뜩 묻어났나 봐요. 동료의 낯빛이 급격히 어두워지는 게 보이더라고요. 저는 덜컥 겁이 났어요. 평소에 절대로 동료들에게 그런 식으로 말하지 않거든요. 엄마의 분노가 내 안으로 슬금슬금 들어온 것만 같았어요.

– 조세핀, 44세

　그 후로 조세핀은 엄마의 전화를 받기 싫어졌다. 이와 같은 감정이 계속되자 조세핀은 결국 엄마인 잉게에게 속마음을 사실대로 털어놓았다. 엄마의 화를 받아 주는 게 얼마나 스트레스받는 일인지를 말이다. 앞으로는 엄마가 남들과 생긴 갈등 말고 다른 이야기를 했으면 좋겠다고도 했다. 그렇지 않으면 전화를 받지 않겠다는 말도 덧붙였다. 처음에 잉게는 화가 났고 배신감도 들었다. 하지만 결국 딸과의 관계를 유지하려면 딸이 원하는 대로 할 수밖에 없다는 것을 깨달았다.

피해자의
분노

―――――――――――――――――|――――――――――――――――――
○

피해자 역할에 빠진 사람이 느끼는 분노는 엄청나다. 분노
가 너무 커서 상대방에 대한 공감 능력을 완전히 상실해 버
릴 정도다. 피해자는 다른 사람의 관점에서 바라보려고 하
지 않는다. 그들은 자신이 얼마나 화가 났는지조차 모를 때
가 많다. 심지어 자신은 그냥 기분이 상한 수준이며, 오히려
공격하는 쪽은 다른 사람이라는 착각에 빠져 있다.

가족이나 친구는 피해자의 거짓 슬픔을 꿰뚫어 보기 어
려울 수 있다.

어릴 때는 엄마가 슬픈 줄 알았어요. 엄마 입으로 그렇게 말했으니까요. 그래서 엄마가 저에게 화를 낼 때마다 죄책감이 배로 느껴졌어요. 안 그래도 슬픔이 많은 엄마를 화나게 했다는 생각 때문에요. 서른이 넘어서야 엄마가 말한 '슬픔'이 사실은 분노라는 걸 깨달았죠. 그제야 모든 게 맞아떨어지더군요.

— 조세핀, 44세

그 사람의 감정이 다름 아닌 분노라는 것을 깨닫고 나면 자신이 정한 수준까지 분노의 감정을 허락해 주고 적당한 선을 그을 수 있게 된다.

연습하기

당신은 피해자 역할에 빠진 사람이 남들을 욕할 때 일반적으로 어떻게 반응하는가? 함께 피해자의 덫에 빠지는가, 아니면 상대방에게 상황을 바꿀 방법에 대해 말해 주는가?

정리하기

피해자 역할에 빠진 사람이 가족이나 친구처럼 가까운 사람이라면 당신은 특히 더 자신을 돌보아야 한다. 그 사람은 자신이 당신을 휘두르기 위해 강력한 호소를 하고 있다는 사실 자체를 인지하지 못할 수도 있기 때문이다.

당신은 그 사람의 불행한 상황을 도와주지 못하거나, 그 사람에게 필요한 공감을 해 주지 못한다는 사실에 죄책감을 느낄 수도 있다. 그렇기에 선을 분명히 긋는 일은 중요하며, 그 사람을 얼마나 받아 주고 그 사람의 일에 얼마나 적극적으로 개입할지 직접 정해 두어야 한다.

chapter

9

죄책감
인정하기

달에는 우리 눈에 보이지 않는 어두운 면이 있다. 사람도 마찬가지다. 단지 이 사실을 모르고 있을 뿐이다. 나쁜 모습은 숨어 있으면 훨씬 큰 피해를 일으킨다. 그러므로 자기 자신을 양지로 끌어내 있는 그대로 받아들이는 게 중요하다.

앞에서 책임감 없는 주변 사람들로부터 자신을 지키는 방법에 대해 살펴보았다. 9장에서는 자신의 모든 모습—싫은 부분까지 포함해서—을 받아들여 온전한 '나'가 되는 방법을 다룬다. 온전한 나가 될수록 발붙일 곳을 찾아 둥둥 떠다니는 죄책감으로부터 자신을 보호하기가 쉬워진다.

타인에게 느끼는 짜증을 이용해 자신이 의식하지 못하는 부분을 드러낼 수 있다. 누가 기분 나쁜 행동을 하면 이렇게 생각해 보자.

'나도 저런 행동을 했을지 몰라.'

전 사람들이 서로 쏘아붙이는 소리를 들으면 참을 수가 없어요. 그런데 '나도 압박감이 심해서 저런 적이 있었을 거야.'라고 생각해 보니 정말 그랬어요. 주변에 쏘아붙이고 싶은 사람이 꽤 있는 거예요. 다른 사람들도 비슷하지 않을까요? 이 사실을 깨달은 후에는 좀 더 넓은 아량으로 사람들을 바라보게 됐어요. 실수하더라도 제 자신을 과하게 몰아세우지 않게 됐고요.

— 폴, 32세

자신이 '옳다'는 생각에 매몰되어 있으면 실패나 잘못은 무조건 남 탓을 하게 된다. 그리고 주변 사람들은 어쩔 수 없이 당신의 이러한 어두운 모습을 견뎌야만 한다. 자신의 부족함을 인정하고 받아들일수록 상황이 분명하게 보이고 너그러운 태도로 타인을 대할 수 있게 된다. 그러니 피해 의식에서 벗어나려면 자신의 어두운 면부터 자각해야 한다.

성장과 성숙은 내가 다른 사람들과 다르지 않다는 깨달음에서 온다. 여기에는 마음에 들지 않는 자신의 모습까지 포함된다. 다른 사람을 판단하고 싶은 충동에서 벗어날수록 자신을 가혹하게 판단하지도 않게 된다.

자신을 진정성 있게 대하려면 자신의 어두운 모습도 과감하게

149

드러내야 한다. 무의식적으로 자신의 친절함이나 온화함 같은 긍정적인 모습만 받아들이며 대립하고 무뚝뚝한 모습은 억누르는 쪽을 택했다면, 남들이 싫어할 만한 선택을 하는 게 어려울 수밖에 없다. 이기적이고 속수무책이기도 한 자신의 모습을 기꺼이 수용하면 세상에서 자기 자리를 찾는 일이 쉬워진다. 무엇보다 진짜로 원하는 삶을 살 수 있게 된다.

선택과 책임은
불가분의 관계

짜증이나 질투 같은 부정적인 감정은 인정할수록 제어하기 쉬워지고 이런 감정에 속수무책으로 휘둘리지 않을 수 있다. 뿐만 아니라 타인이 부정적인 감정을 보일까 봐 두렵지도 않게 된다.

밝은 모습이든 어두운 모습이든 자신을 온전하게 받아들이면 타인에게 너그러워지고, 그들에게도 똑같이 해 볼 수 있는 용기를 준다. 자신의 부족함을 솔직하게 인정하는 모습에는 전염성이 있다. 열린 마음으로 너그럽게 받아 주는 분위기는 주위로 잘 퍼져 나간다. 가족과 친구 사이에 아무도 책임지고 싶어 하지 않는 실수나 사고가 발생하면 팽팽한 긴장감이 형성될 수 있다. 이때 단 한 명이라도 나서서 용감하게 '내 탓이다'라고 말하면 분위기는 한결 가벼워진다.

자신의 실수나 잘못을 인정하면 남에게 잘못을 돌리는 일도 그만둘 수 있다. 다음은 이혼을 앞둔 메테의 이야기다. 메테의 사례는 이혼과 같은 힘든 일 앞에서 선택과 책임에 솔직해지면 주변 사람들을 감당하기 벅찬 죄책감으로부터 지켜 줄 수 있음을 보여 준다.

메테는 이혼을 결심했다. 그녀는 "이혼하지 않으면 우울증에 걸릴 것 같아."라고 남편과 자녀들, 친구들에게 말했다. 이는 그녀 자신에게는 충분히 타당한 이유였고, 이혼 선언은 그녀의 죄책감을 덜어 주었다. 하지만 아이들은 괴로워 보였고 자꾸 대화를 피하려고만 했다. 메테는 심리 치료사의 조언에 따라 자신의 결정에 대해 직접적으로 명확하게 밝히기로 했다.

메테는 아이들에게 말했다.

"엄마 때문에 우리 가정이 깨져서 너희들이 불행한 거 잘 알아. 이기적인 결정이라고 화내는 것도 다 이해할 수 있어."

그러고는 잠시 침묵한 뒤에 덧붙였다.

"너희들이 고통스러워하지 않고도 내가 원하는 삶을 살 수 있으면 좋을 텐데. 언젠가는 너희들이 날 용서해 줬으면 좋겠다."

메테가 아이들에게 이 말을 하기 위해 마음을 가다듬는 데에는 아주 오랜 시간이 걸렸다. 결과는 그만한 가치가 있었다. 아이들이 이혼 이야기를 더는 피하지 않게 되었던 것이다. 아이들과의 사이도 차츰 나아지기 시작했다. 메테는 아이들의 마음의 짐을 덜어 줄 수 있어 다행이라고 생각했다.

메테는 우울증에 걸리지 않기 위해 이혼을 해야 한다고 설명함으로써 죄책감을 덜었다. 하지만 아이들은 슬프고 화가 났고, 다른 선택권이 없어서 이혼을 결심한 엄마에게 부정적인 반응이 일어난다는 것에 죄책감을 느꼈다. 머리로는 엄마가 어쩔 수 없는 피해자라면 엄마에게 부담을 줄 수 없다고 생각하면서도 마음이 잘 따라 주지 않았던 것이다.

모든 선택에는 그 사람만의 이유가 있다. 상대방에게 자기 합리화에 불과한 변명을 늘어놓거나 용서를 간청하거나 상대방을 힘든 상황으로 밀어 넣는 대신, 자신의 죄책감을 솔직하게 인정하면 선택으로 인해 상대방에게 발생하는 피해를 최소한으로 줄일 수 있다.

잘못에 대한 사과는
선물과 같다

죄책감을 인정하는 쪽을 선택하면 상대방이 수치심을 느꼈거나 잘못했다는 생각을 하는 일을 줄여 줄 수 있다. 결과적으로 그들의 행복과 삶의 질이 높아지는 것이다.

사람들은 보통 시간이 지날수록 지혜로워진다. 누구나 과거에 통찰력이 부족해서 다른 사람에게 상처를 주었다는 사실을 뒤늦게 깨달은 경험이 있을 것이다.

아이들이 어렸을 때 집안일을 많이 도와주지 않는 남편에게 화가 났어요. 그때 남편은 막 교사 생활을 시작했었어요. 어쩌면 집 안에 꼼짝없이 갇혀 육아에 시달리지 않고 다른 성인들과 어울릴 수 있는 남편에게 질투심이 났는지도 모르겠어요. 그래서 그런지 남편이 직장 생활이 힘들다고 불평하는 건 말도 안 된다고 생각했죠. 형부가 퇴근하자마자 당연하다는 듯 앞치마를 두르고 집안일을 도와주는 모습을 보기도 했고요. 너무 불공평한 것 같아서 남편에게 소리 지르고 모욕을 줬어요. 우린 결국 이혼했어요. 10년 후 교사 생활을 시작하면서 아이들을 가르치는 일이 얼마나 힘든지 알게 됐어요. 사람은 저마다 다르고 에너지 수준도 다르다는 사실 또한 깨닫게 됐고요. 그러자 전남편에게 했던 행동이 떠올라 부끄러워졌어요.

— 마이켄, 52세

많은 사람들이 마이켄처럼 너무 성급하게 남을 판단하는 잘못을 저지르며, 이런 잘못을 인정하고 사과하지 않는다.

하지만 마이켄은 잘못을 깨닫고 사과를 하기로 마음먹었다.

12년이 지났지만 전남편에게 연락해 커피 한잔하자고 했어요. 그러고는 만나서 예전 일을 사과했어요. 소리 지르고 오해해서 미안하다고요. 당신이 그때 최선을 다했다는 걸 이제는 알겠다고 말이에요. 그런데 외려 그 사람은 제가 아이들을 돌보며 집에만 있으려니 얼마나 힘들었겠냐고, 이해한다고 하더군요. 이래저래 한참 부족한 부모였던 젊은 시절에 대해 웃으면서 대화를 나눴어요.

예전의 성급한 판단을 인정하고 사과하는 만남은 두 사람 모두에게 큰 의미를 줄 수 있다. 만약 마이켄이 과거 일에 대해 아무것도 하지 않으면 그녀가 과거에 한 말은 여전히 상대방의 마음에 남아 자존감을 떨어뜨릴 수 있다.

이처럼 책임을 지는 것은 그 사람에게 값진 선물이 될 수 있다. 게다가 돈도 들지 않으니 이보다 더 좋은 방법은 없으리라.

연습하기

누구를 성급하게 판단했던 상황을 돌이켜 본다. 그런데 그 판단이 사실은 자신의 이야기는 아니었을까? 사실은 자신이 고쳐야 할 점인데 괜히 상대방을 비난한 건 아니었을까? 명백하게 자신의 잘못이었던 상황을 돌이켜 보고 소리 내어 "내 탓이야."라고 말해 보자.

억울하게 당했던 사람에게 잘못을 인정하는 편지를 써도 좋다. 주변 사람에게 잘못을 사과해야 할 일이 있는지 생각해 본다. 잘못을 인정하고 사과하는 것만으로 그 사람에게 큰 선물이 되고 안도감과 기쁨을 선사할 수 있다.

정리하기

자신이 복잡한 감정과 욕망, 생각으로 이루어진 존재임을 받아들이고 자신을 감싸 주는 것은 평생 훈련하고 노력해야 하는 유의 일이다. 이 일이 익숙해질수록 자신의 감정을 타인에게 투영하는 경우가 줄어든다. 또한 해로운 행동 패턴에 빠져 죄책감이 압도적으로 불어나거나 남에게 책임을 전가하는 것 없이 자연스럽게 죄책감을 수용할 수 있다.

chapter

10

죄책감을
보상하려는
마음은
금물

죄책감을 감당하기 어려워 여러 가지 보상 전략을 써서 빠져나오려고 하는 사람들이 있다. 바로 자신이 별로 매력적이지 않다는 생각 때문에 과도한 친절과 도움을 베풀거나, 자신의 행동을 후회하면서 죄책감을 느끼고 만회하려는 사람들이다. 이러한 보상 심리가 오랫동안 이어져 생활 방식으로 자리 잡아 버리면 문제가 생길 수밖에 없다.

이와 관련해 세 가지 사례를 소개한다.

사례 1. 어릴 때 신경 써 주지 못한 성인 딸에게 보상하려는 엄마

○

제 딸 루이즈는 이제 스물다섯 살인데 도통 안정적인 연애를 못하고 있어요. 엄마로서 아이가 어릴 때 사랑과 관심을 주지 못한 탓이 아닌지 걱정이에요. 사실 저는 친밀한 관계를 맺는 게 어려워요. 하지만 저는 에너지가 넘치고 효율성을 추구하는 사람이기도 해요. 할 일은 많지만 늘 최선을 다하고요. 요즘에는 딸에게 도움이 필요한 것 같으면 만사 제치고 달려가려고 노력해요.

– 안나, 53세

안나는 딸이 어렸을 때 충분한 친밀감을 느끼게 해 주지 못했다는 양심의 가책을 느꼈다. 그래서 딸에게 조금이라도 도움이 필요한 것 같으면 만사를 제쳐 놓고 달려가는 것으로 보상하고 있었다. 안나와 상담할 때 그녀가 자주 느끼는 양심의 가책에 관해 이야기를 나누었다. 나는 안나에게 어릴 때 그녀의 어머니가 얼마나 다정했는지 물어보았다. 이 질문 덕분에 안나는 자신의 어머니와 할머니도 친밀함의 표현이 부족했으며 그것이 가족 대대로 내려오는 문제라는 사실을 알게 되었다. 안나는 죄책감을 집안의 다른 여자들과 나눌 수 있어서 안심했다.

여기서 안나가 느끼는 양심의 가책은 진짜 문제가 아니다. 오히려 죄책감은 그녀가 딸이 어릴 때 좀 더 잘해 주지 못한 데 대해 후회한다는 사실을 일깨워 주었다. 안나가 문제의 식조차 없었다면 상황은 최악이었을 것이다. 죄책감을 느끼고 받아들이면 시련을 겪을 때 보다 성숙해질 수 있다. 그렇다면 진짜 문제는 무엇일까? 그것은 바로 안나가 보상 전략을 쓰고 있다는 점이다. 이와 같은 보상 전략은 루이즈의 문제가 당사자가 아닌 엄마의 책임이라는 메시지를 전달했다. 책임감을 빼앗는 것은 해로운 일이며, 성인 자녀도 예외는 아니다. 성인 자녀는 자신의 행복이 부모가 아닌 본인의 책임이라는 것을 알아야 한다.

루이즈는 성인이다. 그녀의 삶을 자랑스럽게 만들 수 있는 사람은 오직 그녀 자신뿐이다. 안나가 아무리 원해도 대신해 줄 수 없다. 어린 시절의 상처는 루이즈에게 성장의 기회가 될 수 있다. 오직 그녀만이 고통을 이익으로 바꾸고 스스로 만족하는 삶을 꾸려 나갈 수 있다.

물론 부모는 성인 자녀를 돕고 지지해 줄 수 있다. 필요하다면 심리 치료 비용을 대신 내 줄 수도 있다. 하지만 성인 자녀가 스스로 위기를 겪고 선택을 하고 죄책감을 느끼고 책임을 지도록 조금은 자제할 줄도 알아야 한다.

물론 옆에서 지켜보기만 하는 일은 말처럼 쉽지 않다. 부모라면 당연히 힘들어하는 자식을 업어 주고 대신 아파해 주고 싶은 마음이 든다. 아이가 실패로 넘어지는 모습을 보면 부모로서 가슴이 찢어질 수밖에 없다. 하지만 지나친 참견을 참아 낸 이후에는 이에 대한 보상이 따른다. 자식이 시련을 헤쳐 나가며 한층 성장하고, 자부심을 느끼고, 스스로 행복을 가꾸어 가는 광경을 지켜볼 수 있다.

그러니 성인 자녀의 삶에 과도하게 개입하지 말고 좋은 본보기가 되어 주기 위해 노력하는 게 훨씬 낫다.

안나는 심리 치료 외에 요가와 명상을 통해 친밀감을 다루는 방법을 배우기 시작했다. 엄마인 자신을 닮아 친밀감을 잘 표현하지 못하는 딸에게 방법을 알려 주고 싶어서였다. 친밀감의 표현은 점차 안나의 새로운 생활 방식으로 자리 잡았다. 그녀는 새 라이프 스타일을 즐기기 시작했으며, 언젠가 손주가 생기면 애정을 듬뿍 주는 할머니가 되기 위해 미리 준비하는 시간으로 여기기로 했다.

모든 가정마다 제각기 크고 작은 문제가 있다. 어떤 가정은 학대 문제가 있고, 어떤 가정은 갈등이 심각하고 불안이나 우울증에 노출되기도 한다. 재능도 문제도 집안 대대로 내려오는 경향이 크지만, 치료를 통해 좀 더 나아지려고 노력하면 부정적인 대물림을 멈출 수 있다. 그리고 자신이 받은 것보다 조금이라도 더 나은 것을 물려주면 가정에 긍정적인 기여도 할 수 있다.

단, 집안 대대로 내려온 심각한 문제가 있는 사람은 자녀에게 완벽한 부모가 되려고 애쓰는 과정에서 스스로에게 지나친 요구를 하게 되면서 커다란 죄책감에 사로잡힐 위험이 있다.

사례 2. 엄마에 대한 바람직하지 않은 감정을 보상하려는 성인 딸

저희 엄마는 학교를 거의 다니지 못했어요. 전 공부를 많이 했고요. 엄마가 경솔하게 말할 때마다 너무 무식해 보이고 짜증이 나요. 그러면서도 이런 감정을 느끼는 제 자신에게 너무 화가 나요. 엄마가 학교에 못 다닌 건 엄마 잘못이 아니잖아요. 어쩔 수 없이 엄마를 볼 때마다 억지로 웃게 돼요.

− 비르기트, 37세

비르기트가 자신이 느끼는 감정의 정당성을 옹호하고 억지 미소를 지을 필요가 없다면 엄마와 함께하는 시간이 그렇게까지 부담스럽지는 않을 것이다. 엄마 역시 딸이 웃지 않아도 불안해하지 않을 것이다.

비르기트가 엄마의 말에 기분 나빠 하며 처음으로 솔직한 반응을 보이자 엄마는 몹시 당황해했다. 하지만 어쩔 수 없다. 상대방을 거짓되게 대하는 것보다 사실을 있는 그대로 보여 주는 게 훨씬 낫다. 다른 사람에게 환상을 심어 주고 그것을 계속 이어 가면 쓸데없이 에너지만 소진된다.

사례 3. 동생에게 저지른 어릴 적 잘못을 보상하려는 형

어렸을 때 남동생을 많이 괴롭혔어요. 동생은 제 괴롭힘 때문에 힘든 청소년기를 보냈다고 생각해요. 어른이 돼서도 문제가 많았고 저를 멀리해요. 어릴 때 동생을 괴롭힌 일과 저로 인해 생긴 문제들은 정말 미안해하고 있어요. 동생이 힘들다고 할 때마다 너무나 찔려요. 그래서 동생에게 뭐든 다 해 주고 싶은데요. 동생의 고민을 들어주고 동생을 도와주려고 노력하지만 동생은 제 조언을 따르지 않아요.

동생과 주말을 보내고 나면 시간 낭비만 한 것 같아서 너무 허무해요.

- 한스, 62세

한스가 아무리 사과하거나 보상해도 이미 일어난 일을 바꿀 수는 없다. 그가 현재 동생의 상황에 대해 느끼는 책임감은 유익하기보다 오히려 해롭다. 동생이 처한 현실의 책임은 온전히 동생의 것이다. 한스가 어떻게든 동생을 기쁘게 해 주려고 하는 대신 자신이 느끼는 무력감을 있는 그대로 표현한다면 상황을 좀 더 현실적으로 바라볼 수 있을지도 모른다. 즉, 물리적인 보상보다 다음과 같은 진심 어린 한마디 말이 더 낫다.

"시간을 되돌릴 수 있었으면 좋겠다. 그럼 너한테 잘할 수 있을 텐데."

우리가 누군가를 위해 자신의 행복을 희생해야 한다고 느끼는 데는 다양한 이유가 있을 수 있다. 하지만 일방적인 희생은 결국은 도와주고 싶은 사람에게 짐을 지우는 셈이 된다. 우리가 삶에 충실하지 못하는 이유가 그들의 탓이 되어 버리기 때문이다. 물론 희생을 즐기는 척할 수도 있지만 이는 자기 자신을 기만하는 일이나 다름없다. 자칫하다가는 사실이 아닌 것을 진짜로 믿게 되어 장기적인 관점에서 좋지 않은 결과로 이어질 수 있다.

자신부터
용서할 것

○

양심의 가책은 안으로 향한 분노다. 분노는 자신이나 타인에게 한 약속을 지키는 것과 같은 중요한 일을 하라고 우리를 압박한다. 하지만 우리가 바꿀 수 없거나 바꾸고 싶지 않은 상황에서 안으로 향한 분노는 완전한 에너지 낭비에 불과하다.

가까운 사람들의 필요를 충족해 주지 못했을 때 아무리 자신을 비판한들 그다지 도움이 되지 않는다. 심지어 분별 있는 행동도 아니다. 스스로 선택한 한계가 아니기 때문이다. 게다가 가까운 사람이 자신의 부족함으로 인해 많은 시련을 겪는다고 하더라도 하늘이 두 쪽 난 정도의 상황까지는 아니다. 살면서 단 한 차례의 시련도 겪지 않는 사람은 없지 않은가. 다른 관점에서 보면 시련은 성장으로 이어지기도 하고 말이다.

누구나 한 번쯤 실수나 나쁜 선택을 하고 그 과정에서 배움을 얻는다. 그러니 자신의 존재와 자신이 내린 선택을 받아들이려고 노력해야 한다.

자기 비난은 그저 자신을 벌하는 일 그 이상도 이하도 아닌 경우가 많다. 즉, 자기 비난은 불편한 무엇과 마주하지 않으려는 방어벽―이미 엎질러진 물이고 돌이킬 수 없다는 것, 자신이나 다른 누군가에게 나쁜 일이 일어난 건 오로지 내 잘못이라는 것, 사실 나는 생각만큼 좋은 사람이 아니라는 것 같은 불편한 생각―일 뿐이다. 물론 방어벽을 내려놓고 자신을 용서할 수 있게 되기까지 많은 죄책감을 곱씹어야 한다.

당시에는 자신이 아는 선에서 최선을 다했지만 지금 돌아보면 자신의 가치관에 어긋날 정도로 이기적인 행동을 했다는 사실을 깨달았다면, 늦었다 하더라도 우선은 잘못을 받아들이려는 자신의 용기를 인정해 주자. 자신에게 혹독한

종신형을 내릴 필요는 없다. 죄책감을 견디기가 너무나 힘들다면 대화할 사람을 찾아보기를 권한다.

자신을 용서해도 자신에 대한 화가 사라지지 않아서 감정을 차분하게 다스릴 수 없어도 괜찮다. 자신을 벌하는 것을 그만두고 긍정적인 부분에 집중하기 위해 노력하는 과정 자체가 이미 용서나 다름없다.

연습하기

자신의 행동, 말, 감정과 관련해 잘못한 게 있어서 이를 보상하기 위해 무리하면서까지 무조건 베풀어야만 한다고 느끼는 관계가 있는지 생각해 본다.

정리하기

어떤 사람들은 자신이 잘못한 게 있으니까 보상해야 한다는 생각으로 양심의 가책을 없애려고 한다. 또 평생 자신에게 벌을 주기도 한다. 이는 절대 바람직한 방법이 아니다. 과거는 이미 엎질러진 물과 같고 아무도 그 시간을 되돌릴 수 없다. 잘못에 대해 속죄하기 위해 희생하는 관계는 진실할 수 없다. 대신 책임지려고 하지 말자. 오직 당사자만이 고통을 성장으로 바꾸고 앞으로 나아갈 수 있다.

때로는 보상과 만회도 좋은 해결책이 될 수 있지만 오랫동안 자신을 억압하지는 않도록 한다. 이런 해결 방법은 자신과 상대방 모두에게 아무런 이득이 되지 않는다.

일단은 자신부터 용서해야 한다.

chapter

11

비합리적
죄책감
없애기

11장에서는 비합리적 죄책감을 다루는 방법을 이야기하려고
한다. 그전에 먼저 비합리적 죄책감이 합리적 죄책감이나 수치
심과 어떻게 다른지 짚어 보자.

죄책감과 수치심의
차이

죄책감과 수치심의 기본적인 차이는 다음과 같다.

- 죄책감

행동에 관한 것으로, 하거나 하지 않은 무엇에 대해 느끼는 감정이다.

- 수치심

존재에 관한 것으로, 자신의 존재와 관련된 어떤 것에 대해 부끄럽거나 잘못되었다고 느끼는 감정이다.

죄책감에는 이유가 있다. 우리는 죄책감이 느껴질 때 자신이 하거나 하지 않은 것 때문에 나쁜 일이 일어났다는 설명이 가능하다. 그렇지만 수치심은 다르다. 일반적으로 수치심은 자신에게 남들이 알면 창피한 어떤 문제가 있는 것 같은 모호한 느낌이다. 예를 들어, 머리숱이 너무 적다거나 옷에 얼룩이 묻었다거나 하는 것과 같이 자신의 겉모습 때문에 수치심을 느낄 수 있다. 또 하고 싶은 일 때문에도 수치심을 느낄 수 있는데, 짝사랑 같은 부끄러운 감정 역시 수치심을 일으킨다. 사실 별의별 것들이 다 우리에게 수치심을 줄 수 있다. 수치심은 대개 남에게 보이기 부끄러운 감정이나 특징과 관련 있다.

수치심은 개인마다 다르다. 사랑의 감정을 수치스러워하는 사람도 있고, 분노를 수치스러워하는 사람도 있다. 심지어 자신의 문제가 무엇인지 정확히 꼬집어 말할 수 없음에도 수치심을 느낄 수 있다.

죄책감의 경우에는 어떤 피해가 발생했는가로 초점이 향한다. 그리고 수치심처럼 당혹감을 느끼기보다는 행동의 필요성을 느낀다.

수치심은 더 잘 숨겼어야 했다고 생각하는 상황을 제외하고 특정한 자기 비난을 하는 경우가 드물다. 무엇보다 수치심은 쥐구멍에 숨고 싶은 것 말고는 행동의 충동을 느끼게 하지 않는다.

비합리적
죄책감

○

비합리적 죄책감은 상황에 대한 자신의 영향력에 비해 터무니없이 큰 죄책감으로, 당연히 합리적 죄책감과는 결이 다르다. 자신이 통제할 수 없는 상황에 대해 느끼는 죄책감은 비합리적이다. 세상에 태어난 사실에 대한 죄책감, 부모가 원하는 성별로 태어나지 않았다는 사실에 대한 죄책감, 배우자나 자녀와 같은 감정을 느끼지 않는 데서 오는 죄책감 등은 전부 비합리적 죄책감이라 할 수 있다. 자신이 통제할 수 없는 것에 대해서는 죄책감을 느낄 필요가 없다. 타인으로 인해 느껴지는 감정, 태어난 성별 등은 자기 자신이 어찌할 수 없지 않은가.

비합리적 죄책감은 수치심과 비슷할 수 있다. 자신이 분명히 잘못한 것은 맞는데 그게 무엇인지, 어떻게 만회해야 하는지 모르는 감정이다. 뭐라도 해야 한다는 생각이 드는 이유는 상황에 대해 상당한 통제력이나 영향력을 가지고 있다는 착각 때문에 생긴다.

제가 본가에 갈 때마다 아버지는 제 인생에 대해 조언을 해 주세요. 저는 아버지의 말을 한 귀로 듣고 한 귀로 흘려버려요. 하지만 아버지가 일이 잘 안 풀려서 어렵게 사는 게 안타까워서 되도록 잘해 드려야 한다는 생각에 귀담아 듣는 척해요. 어떻게 하면 건설적인 대화를 할 수 있을지 힘들게 머리를 굴리면서 말이죠. 제가 집에 가려고 할 때마다 아버지는 벌써 가느냐며 잡으세요. "온 지 얼마나 됐다고."라고 하시면서요.

집으로 돌아가는 기차 안에 있으면 너무 피곤하고 슬프고 모든 게 다 벅차게만 느껴져요. 한마디로, 불행해요. 아버지가 잘 못 사는 게 다 제 잘못인 것 같고 아버지를 위해 할 수 있는 게 없어서 죄책감이 들어요.

며칠 전에 아버지를 뵙고 왔더니 여자 친구가 "당신은 최선을 다하고 있어, 루네. 당신만큼 잘할 수 있는 사람은 없을 거야."라고 하더군요. 그동안 너무 힘들었던 게 생각나면서 눈물이 났어요. 가슴의 돌덩이가 조금 가벼워진 것 같다 할까. 아직은 행복해질 여지가 남아 있구나 싶기도 했고요.

- 루네, 42세

이상하게도 비합리적 죄책감을 느낄 때는 정확히 무엇을 어떻게 해야 하는지 모르면서 뭐라도 해야 한다는 충동이 든다. 그래서 더 괴롭고 슬퍼진다.

루네는 아버지를 기분 좋게 해 주지 못하는 자신을 탓했다. 비판의 목소리가 그를 몸 밖으로 밀어내는 것처럼 느껴질 정도였고, 아버지를 방문하고 나면 며칠 동안 죄책감에 시달렸다. 다행히 그는 다정하고 지혜로운 여자 친구의 도움을 받아들이게 되었고 차근차근히 진정한 자신을 되찾아 가고 있다.

죄책감이 합리적인가, 비합리적인가에 대해서는 예, 아니오로 간단하게 대답할 수 없을 때가 많다. 대개는 합리적 죄책감의 본질이 눈덩이처럼 불어나 양심의 가책이 심해지는 식이다. 이혼하고 나서 전 배우자의 상황이 무너지기 시작한다고 해 보자. 이를 자기 잘못이라고 생각한다면 양심의 가책이 느껴질 것이다. 물론 당신의 잘못도 있을 수 있지만 이혼은 결코 한 사람만의 잘못이 아니다. 전 배우자가 잘 지내는가의 여부는 당사자의 책임이 가장 크다.

비합리적 죄책감은 밖으로 끄집어내야만 한다. 그래야 그 죄책감이 상황과 비교해 얼마나 터무니없는 크기인지 분명히 알 수 있다. 죄책감이 비합리적이라는 사실을 알게 되면 문제를 제대로 볼 수 있다.

문제가 왜 그렇게 압도적으로 커진 걸까?

그리고 어떤 위험 부담이 따를까?

죄책감이 합리적인지,
비합리적인지 살펴보기

비합리적 죄책감은 드러내기 쉽지 않을 수도 있다. 이럴 때
는 사과의 편지를 써 보자. 편지는 가까이 다가가서 상황을
더 잘 볼 수 있게 도와준다.

단, 편지를 쓸 때는 합리성을 따지면 안 된다. 당신이 사과
하는 그 일이 누구의 잘못인지 따질 사람은 없다. 말이 되지
않아도 괜찮다. 사과를 통해 그저 양심의 가책을 털어 버리
려는 의도뿐이니까 말이다. 누구한테 검사를 받을 일은 없
으니 자유롭게 하고 싶은 말을 써 보자.

어느 날 전 여자 친구가 헨리크를 찾아왔다. 그를 여전히 무척이나 좋아하는 그의 전 여자 친구는 한껏 예쁘게 차려입고 맛있는 음식까지 챙겨 왔다. 그녀는 헨리크의 구멍 난 양말을 바느질해 주는 등 그를 기분 좋게 해 주기 위해 온갖 일을 찾아 했다. 그녀가 돌아가고 난 뒤 헨리크는 피곤이 몰려왔고 양심의 가책도 느껴졌다.

다음은 헨리크가 쓴 사과 편지의 내용이다.

네가 나를 좋아하는 만큼 너를 좋아하지 않아서 미안해.
같이 있는 시간을 따분해해서 미안해.
이젠 널 사랑하지 않아서 미안해.
시간 낭비하게 만들어서 미안해.
넌 행복하지 않은데 나만 행복해서 미안해.

헨리크는 편지를 쓰고 나서 자신이 느끼는 죄책감이 비합리적인 쪽에 가깝다는 사실을 알 수 있었다. 전 여자 친구에 대한 감정이 예전과 같지 않은 데 대해 죄책감을 느낄 하등의 이유가 없었던 것이다.

무력감을 나타내는
표현으로 바꾸기

'~라면 좋을 텐데'라는 말을 통해 무력감을 표현할 수 있다. 헨리크는 편지 내용을 다음과 같이 바꾸자 안도감이 느껴졌다.

네가 나를 좋아하는 만큼 나도 너를 좋아한다면 좋을 텐데.

같이 있는 동안 나도 기운이 솟는다면 좋을 텐데.

널 사랑하고 행복하게 만들어 줄 수 있다면 좋을 텐데.

너에게 미래를 약속할 수 있다면 좋을 텐데.

우리 둘 다 행복하면 좋을 텐데.

또 다른 사례를 살펴보자.

에바는 내키지 않았지만 가족의 생일 파티에 다녀왔다. 끝나고 작별 인사를 하는데 언니가 차가운 태도를 보였다. 집으로 돌아온 에바는 패배자가 된 것 같은 기분을 느꼈다.

이에 에바는 다음과 같은 편지를 써 보았다.

피곤해서 미안해.

파티에 참석한 사람들과 활발하게 이야기를 나누지 않아서 미안해.

내내 멍하게 앉아 있어서 미안해.

밝고 즐거운 모습을 보이지 못해서 미안해.

대화를 지루해하는 모습을 보여서 미안해.

분위기를 띄워 주지 못해서 미안해.

나중에 에바는 편지의 내용을 자신의 무력감을 표현하는 것으로 바꾸었다.

좀 더 기운이 넘쳤다면 좋았을 텐데.

모두에게 활발하게 말을 걸었다면 좋았을 텐데.

좀 더 집중했다면 좋았을 텐데.

모두를 웃게 했다면 좋았을 텐데.

좀 더 밝고 힘찬 모습을 보였다면 좋았을 텐데.

모두에게 기쁨을 퍼뜨렸다면 좋았을 텐데.

두 번째 편지를 쓰면서 에바는 자신이 전혀 나쁜 의도를 가지고 있지 않았다는 사실을 확인하게 되었고 기분이 점점 나아졌다.

죄책감의 목소리
들어보기

비합리적 죄책감을 살펴보고 다루는 또 다른 도구가 있다. 그것은 바로 죄책감의 관점에서 자신에게 편지를 쓰는 것이다. 자신에게 어떻게 하면 괜찮아질 수 있겠는지 말하게 한다. 다시 말해, 내가 직접 내 죄책감의 메시지를 전달하는 것이다. 카롤린은 죄책감의 목소리로 편지를 썼다.

　카롤린에게

　그 사람을 거절하는 짓 좀 그만해. 그가 얼마나 속상해하는지 알잖아. 그에겐 네가 필요하다고. 그 사람이 얼마나 외롭고 버림받은 기분일지 생각해 봐.

그를 좀 더 사랑해 줘. 그는 널 위해 최선을 다하고 있잖아. 그에게 좋은 모습을 보여 줘. 그도 너에게 그렇게 해 줬잖아. 넌 그를 행복하게 해 줘야만 해. 그 사람은 그런 대접을 받을 자격이 충분하니까.

너의 죄책감으로부터

카롤린은 편지를 쓰고 나서 죄책감의 요구 사항을 정리해서 목록화했다.

- 그가 나를 사랑하는 만큼 그를 사랑해야 한다.
- 그는 사랑받을 자격이 있다.
- 그의 옆에 있어 주어야 한다.
- 그를 행복하게 해 주어야 한다.
- 그를 속상하게 하면 안 된다.
- 그는 좋은 대접을 받을 자격이 있다.

죄책감의 목소리를 들어 보니 목록의 일을 다 해내는 것은 불가능하다는 게 분명해졌다. 전지전능한 신이라면 모를까.

카롤린은 목록을 작성한 다음 죄책감의 모든 주장에 하나하나 반박하는 글을 썼다.

- 누구를 얼마만큼 사랑하는지는 마음대로 되지 않는다.
- 자격이 있어야만 사랑받는 건 아니다.
- 모든 사람은 그 누구도 참견할 수 없는 자신만의 시간이 필요하다.
- 행복한 삶을 만드는 것은 다른 사람이 아니라 당사자인 그의 책임이다.
- 슬픔이 꼭 나쁜 것만은 아니다.
- 세상에 고난이나 실망을 절대로 느껴선 안 되는 사람은 없다. 누구나 살면서 아픔을 느낄 때가 있고, 때로는 아픔이 새로운 기회를 열어 줄 수도 있다.
- 그가 시련과 패배를 받아들여 한층 강해지도록 해야 한다.

이러한 연습을 통해 카롤린은 자신에게 얼마나 지나치고 불가능한 요구를 해 왔는지 깨달았다. 이 통찰 덕분에 머릿속을 가득 채웠던 부정적인 생각이 힘을 잃으면서 좀 더 창의적이고 새로운 생각을 할 수 있는 여유가 생겼다.

핵심은 이 연습을 머릿속으로만 하지 말고 글로 써야 한다는 데 있다. 그래야 외부의 시선에서 자신을 바라볼 수 있다. 우선 줄이 없는 노트를 준비한다. 왼쪽에 죄책감이 하는 말을 적고 오른쪽에는 그에 대한 나의 대답을 적는다. 이렇게 하면 죄책감이 하는 말과 그 말에 대한 나의 답을 나란히 볼 수 있다.

감정은 이성적인 생각과 다른 말을 하기도 한다. 가령, 회의가 대대적인 실패로 끝나고 죄책감이 물밀듯 밀려오는 상황이라고 치자. 스스로 최선을 다했다는 사실을 알고 있더라도 실패에 대한 죄책감이 느껴지는 것은 어쩔 수 없다. 혹은 뒤에 오던 차에 받히는 접촉 사고가 난 상황에서 피할 수 없는 일임에도 죄책감이 느껴질 때가 있다. 머리에서 하는 생각과 마음에서 하는 생각이 늘 일치할 수는 없는 노릇이다. 두 생각은 당신에게 지대한 영향을 끼치며 당신을 양쪽에서 팽팽하게 끌어당긴다. 어떤 때는 이 생각이 강하다가 또 어떤 때는 저 생각이 강해진다. 그런데 두 가지 생각을 나란히 적어 놓으면 둘의 갈등이 명백하게 보여서 결국 잘못된 쪽이 양보할 수밖에 없다.

노트에 다 적은 다음에는 양쪽을 번갈아 읽어 본다. 여러 번 왔다 갔다 하면서 읽으면 더욱 좋다. 둘의 차이점이 무엇인지 천천히 생각해 보고 죄책감에 어떤 영향을 주는지 느껴 본다.

노트를 잘 보이는 곳에 펼쳐 둔다. 노트에 적힌 내용을 볼 때마다 죄책감이 일으키는 생각이 사실과 거리가 멀다는 걸 알 수 있기 때문이다. 죄책감이 느껴질 때마다 이 노트를 사용한다.

죄책감에 답하기가 어렵다면 누군가와 이야기하는 게 나을 수도 있다. 제3자는 전체적인 상황을 더 잘 볼 확률이 크기 때문이다. 이때 아래 내용이 도움이 될 수 있다. 자신의 잘못이 아닌 것 몇 가지와 자신의 의무인 것 한 가지를 예로 소개한다.

• 자신의 잘못이 아닌 것

특정 감정을 느끼는 것 : 남들이 원하는 감정을 느껴야 할 의무는 없다. 내가 느끼는 감정에 비해 남들이 느끼는 감정이 정확하더라도 말이다. 어떤 감정을 느끼는지는 선택할 수 없다.

만족스러운 삶을 살지 못한다는 것 : 성인은 스스로 행복을 찾고 시련을 통해 성장해야 할 책임이 있다. 아무리 완벽한 사람이라도 살다 보면 난관에 부딪힌다. 안타까워도 어쩔 수 없다.

자신에게 한계가 있다는 것 : 누구를 위해 할 수 있는 것보다 더 많은 것을 할 의무는 없다. 주변의 모든 사람을 무조건 사랑해야 한다거나, 자신이 어릴 때 누리지 못했던 것을 자녀에게 전부 주어야 한다고 자신에게 강요할 수 있는 사람은 아무도 없다.

• 자신의 의무인 것

자신을 부족한 존재라고 느끼거나 자신의 문제로 주변 사람에게까지 피해를 줄 때 최선을 다하고 도움을 청해야 할 의무가 있다.

12장에서는 비합리적 죄책감에 대해 더 자세히 살펴보면서 이를 이해하고 다루는 방법을 알아보기로 한다.

연습하기

양심의 가책이 느껴졌던 때를 떠올려 본다.

사과 편지를 쓰면서 완전히 불가능하고 불공평한 것까지 포함해 전부 다 미안하다고 말한다. 그다음에 사과 편지의 내용을 '~라면 좋을 텐데'라는 말을 사용해서 무력감의 표현으로 바꾼다. 기분에 어떤 변화가 일어나는지 주목한다. 또 다른 상황을 떠올려 보고 죄책감의 목소리로 자신에게 편지를 쓴다. 죄책감이 요구하거나 주장하는 바를 목록으로 적고 각각에 답한다. 한눈에 보이도록 둘을 나란히 적는다.

정리하기

죄책감이 상황과 비교해 터무니없이 큰 경우가 있다. 이때 죄책감이 어떻게 해야 줄어들 수 있을지 질문해 보면 비합리적 죄책감의 실체가 드러난다. 죄책감이 비합리적이라는 사실을 인식하는 순간 죄책감의 속박에서 벗어날 수 있다.

chapter

12

죄책감이
가리고
있는 것
찾기

죄책감이 비합리적인 경우 뒤에서 무슨 일이 벌어지고 있다는 징조가 되기도 한다. 죄책감은 자신이 마주하려고 하지 않는 현실이나 분노, 무력감, 슬픔 같은 감정을 가린다. 또한 죄책감은 자신에게 감지되는 행복을 외면하기 위한 방어책으로서 작용한다.

행복에 대한
죄책감

○

극심한 죄책감이 느껴지는 이유는 자신조차 미처 인지하지 못한 금지된 행복을 가리기 위해서일 수도 있다. 예를 들어, 당신은 다른 사람보다 더 예쁘고 부유하고 똑똑하고 건강하며, 어느 모로 보든 남들보다 더 잘 살고 있다는 데에 행복을 느낄 수 있다. 그런데 어떤 이들은 타인과 비교해서 더 행복하다는 사실에 죄책감을 느낀다. 이는 자신의 행복을 샤덴프로이데Schadenfreude(남의 불행에서 얻는 행복)로 착각하기 때문이다. 하지만 이들이 느끼는 행복은 그저 감사한 마음에서 비롯된 것일 수도 있다. 설령 정말로 샤덴프로이데라고 하더라도 겉으로 드러내지 않으면 누구에게도 해가 되지는 않는다.

감정을 통제하기란 쉽지 않다. 기쁘고 행복한 감정을 마음대로 사라지게 할 수는 없다. 그러나 죄책감은 비교적 통제하기 쉽다. 이를테면, 남과 비교해 자신의 기분이 과하게 좋아지는 것을 금하는 규칙을 정하는 것처럼 간단한 해결책이 있기 때문이다.

분노는 죄책감을 숨기기 위한
수단이다

○

사랑하는 이가 세상을 떠난 후 분노에 사로잡히는 사람들을 흔히 볼 수 있다. 이 분노는 위기의 징조로 해석해도 무방하다. 어떤 면에서 그들은 제정신이 아니고, 현실을 직시할 준비가 되어 있지 않으며, 감정 반응 능력을 잃었을 수도 있다.

만약 분노를 밖으로 향하게 하는 타입이라면 의사, 간호사, 느린 구급차 등 사랑하는 사람을 죽음으로 몰아넣은 책임이 있는 것에게로 분노를 표출할 것이다. 아니면 그 사람이 생전에 병중에 있었을 때 옆에 있어 주지 않은 가족이나

지인에게 분노할 수도 있다.

반대로 분노가 안으로 향하면 죄책감과 양심의 가책이 된다. 특히 고인이 세상을 떠나기 얼마 전의 시간들, 잘해 주지 못한 것들로 초점이 향한다. 세상을 떠난 사람과의 관계에 죄책감을 느낄 수도 있다. 좋은 말을 더해 줄걸, 더 잘해 줄걸, 하면서 말이다.

어느 쪽으로 향하든 분노는 현실을 직시하지 않으려는 방어책으로 볼 수 있다. 생각이 과거에 집중되어 있거나 이랬으면 어떨까 하는 환상에 빠져 있으면 죽음이 실감 나지 않을 가능성이 크다. 그렇게 되면 분노나 후회를 통해 현실을 바꿀 수 있을지도 모른다는 착각에 빠질 수 있다.

죄책감이 방어책이 되어 버리면 남겨진 사람은 분노나 양심의 가책에서 벗어나려는 의지를 전혀 보이지 않는다. 주변 사람들은 지극히 평범한 말이나 행동에 대해 왜 그렇게까지 죄책감을 느끼는지 도통 이해하지 못하겠지만, 후회를 다른 감정이나 현실을 맞닥뜨리기 무서워서 세운 방어벽으로 놓고 보면 그제서야 납득이 갈 것이다. 사랑하는 이와 사별한 사람들은 시간이 흘러 어느 정도 스스로를 추스른 후에야 세상에 완벽한 사람은 없으며 자신의 행동은 누구나 할 수 있는, 충분히 용서받을 수 있는 것임을 깨닫는다.

이혼, 절교, 실직, 건강 이상 같은 다른 상실의 원인에도 비슷한 원리가 작용한다. 이때도 양심의 가책이 중요한 통찰이나 감정과 접촉하지 못하게 당신을 꽁꽁 싸매 버릴 수 있다.

죄책감이 무력감과 슬픔에 대한
방어책일 때

○

앞서 소개한 루네는 잘 지내지 못하는 아버지를 보면서 죄책감을 느꼈다. 루네의 죄책감 아래에는 다른 감정들이 숨겨져 있을 확률이 크다. 즉, 원하지 않는 조언을 해 주는 아버지에 대한 짜증이 어디에 묻혀 있을 것이다. 어쩌면 아버지에게서 필요한 것을 받지 못한 데 대한 슬픔도 뒤섞여 있을 수 있다.

루네의 죄책감은 안으로 향한 분노다. 그리고 그가 아버지와의 문제 많은 상호 작용에 대해 자신에게 분노를 돌리는 데에는 어떤 논리가 작용한다. 가장 강한 사람 또는 상황을 바꿀 힘을 가진 것처럼 보이는 사람에게 분노를 느끼는 것은 일면 이치에 맞는 일이기 때문이다. 아마도 루네는 무의식적으로 자신이 아버지보다 더 강하고 유능하다고 생각할 것이다. 그러면서 자기 손으로 아버지를 충분히 구원할 수 있다고 속단함으로써 자신의 능력을 과대평가할 것이다. 하지만 의지가 눈곱만큼도 없는 사람을 구하는 일은 불가능에 가깝다. 루네의 아버지는 변하려는 의지가 전혀 없고, 윗사람으로서 아들에게 조언하는 것만을 선호한다.

루네의 죄책감은 자신이 상황을 바꿀 수 있다는 환상에 근거한다. 그로서는 아버지가 처한 무력하고 고통스러운 상황을 지켜보는 게 너무 힘든 일이다.

그는 아버지가 잘되기를 간절히 원한다. 그렇기에 자신이 아버지를 구할 수 있다는 희망을 좀처럼 내려놓지 못한다. 하지만 루네를 괴롭히는 것은 자신이 아버지를 도울 수 있으며 도와야만 한다는 착각이다. 만약 그가 분노를 밖으로 내보내 아버지의 달갑지 않은 조언을 어디까지 받아 줄지 선을 긋는 데 사용한다면 상황은 훨씬 좋아질 것이다.

누군가와의 관계에서 죄책감을 느낄 때는 자신이 기피하거나 인정하지 않으려는 게 있지 않은지 확인해 보면 도움이 된다. 만약 상대방의 처지가 좋지 못하고 당신에게 제대로 된 관심을 쏟을 에너지가 부족한 상황이라면, 당신이 느끼는 죄책감 아래에는 분노와 슬픔이 감추어져 있을 가능성이 높다.

내가 진짜로 원하는 건
무엇인가

누구와의 관계에서 무엇을 원하는지 아는 일은 매우 중요하다. 감정은 욕망이 충족되고 있는지에 대한 반응이다.

원하는 것이 충족되고 있으면 당신은 행복을 느낀다.

원하는 것을 싸워서 얻어 내야 한다면 당신은 투쟁 의지와 함께 분노로 불타오른다.

원하는 것을 포기하면 슬픔이 당신을 괴롭히기 시작한다.

만일 현실을 직시하고 슬픔이나 투지를 느낄 준비가 좀처럼 되지 않는다면, 죄책감이나 양심의 가책이 짙은 안개처럼 당신을 뒤덮고 있기 때문일지도 모른다.

그 안개에서 빠져나오는 첫 번째 단계는 자신이 무엇을 원하는지 아는 것이다.

다음에 언급하는 소소한 연습을 통해 관계에서 원하는 것을 찾을 수 있다.

당신이 죄책감을 느끼는 대상의 입장이 되어 편지를 쓴다. 그 대상에게 간절히 듣고 싶은 말을 편지에 적어 본다. 이성적으로 실현 불가능한 일이라도 상관없다. 현실적이지 않아도 좋으니 마음껏 상상력을 발휘해 보자. 자신의 내면을 깊숙이 파고들어 그 안에 뭐가 있는지 들여다본다. 그 대상이 어떤 말을 해 주면 기쁘고 만족스러울 것 같은가?

루네는 아버지가 되어 자신에게 아래와 같은 편지를 썼다.

사랑하는 아들 루네에게

와 줘서 고맙구나. 많이 바쁠 텐데 항상 이렇게 보러 와 줘서 정말 고맙다. 네가 오면 내 마음이 참 따뜻해진단다. 이 느낌은 오랫동안 잊지 못할 거야. 내 아들이 너무 잘 커 줘

서 아주 자랑스럽고 행복하다. 물론 너도 힘들 때가 있겠
지. 내가 도와줄 일이 있다면 언제든지 알려 다오.

아버지가

루네는 편지를 쓰면서 깨달았다. 그는 아버지가 행복하고
안정적으로 지내고, 자신에게 고마워하고 자신을 자랑스러
워해 주기를 간절히 원했다.

바꿀 수 있는 것에
집중하기

원하는 게 무엇인지 알고 나면 아주 중요한 갈림길에 놓이게 된다. 정확한 출처가 어디인지는 알 수 없지만 다음의 기도문을 들어 본 적이 있을 것이다.

바꿀 수 없는 것을 평온하게 받아들이는 은혜와
바꾸어야 할 것을 바꿀 수 있는 용기와
이 둘을 분별하는 지혜를 허락하소서.

바꿀 수 있는 것이 무엇이고 그냥 받아들여야만 하는 것이 무엇인지 아는 일은 쉽지 않다. 특히 당사자의 마음속은 온갖 다양한 감정과 욕구가 뒤엉켜 있어서 상황을 직시하기 더욱 힘들다. 이때 어느 정도 거리를 두면 상황 판단에 도움이 될 수 있다.

당신이 경찰이라고 가정하고 다음의 질문에 답해 보자.

내가 이것을 바꿀 수 있다는 근거는 무엇인가?
또 그 반대의 근거는 무엇인가?

경찰이 냉철한 수사를 하듯 감정과 예감은 무시한다. 자신이 원하는 것의 영향을 너무 많이 받을 수 있기 때문이다.

질문과 답은 100퍼센트 구체적이어야 한다. 예를 들어, 루네는 아래의 질문들을 떠올릴 수 있다.

아버지의 상황이 나빠진 게 얼마나 오래되었는가?
아버지가 정상적으로 생활했던 때가 있었는가?
아버지를 도와주려고 한 사람들이 있었는가?
있었다면 그들이 성공했는가?
아버지가 그들에게 고마워했는가?

아버지는 도움을 원하거나 한 인간으로서 성장하기를 원하는가?

아버지가 바뀌고 싶어 하지 않는다는 사실을 뒷받침하는 근거들이 있는가?

자신의 상황과 관련해 구체적인 대질 신문을 해 본다.

그러고 나서 답을 적는다.

이처럼 상황을 외부에서 바라보면 좀 더 분명하게 파악할 수 있다.

누구와의 관계나 상황이 변하지 않을 것이라는 사실을 깨달으면 슬퍼지기 마련이다. 이럴 때는 한바탕 울면서 감정을 모조리 꺼내 버리고 앞으로 나아가면 된다. 이와 같은 애도 과정은 죄책감을 희석시키는 데 큰 도움이 된다. 물론 당신이 원하던 바는 여전히 당신의 마음속에서 사라지지 않고살아 있을 것이다. 바람이나 소원은 당신이라는 사람의 일부분이기 때문이다. 비록 원하는 것을 얻지 못하더라도, 자신이 원하는 것을 인정하고 자신을 친절한 눈으로 바라볼 줄 아는 게 중요하다. 무엇을 원하는 것 자체가 잘못은 아니다. 오히려 원하는 게 존재한다는 사실은 생활에 활력이 되어 줄 수 있다. 원하는 것을 얻지 못한 슬픔과 함께 자신의 바람을 똑바로 마주 보면 죄책감과 수치심을 피할 수 있다.

당신이 원하는 것은 여전히 그대로이고, 그것을 가질 수 없다는 슬픔도 여전할 것이다. 하지만 상황을 바꿀 수 있을지 모른다는 실낱같은 희망으로 원하는 바를 얻고자 맞서 싸우는 것과 실패를 인정하고 에너지를 딴 데 쓰는 것은 하늘과 땅 차이다. 전자는 빈틈 없이 메워져 아무리 두드려도 열리지 않는 문을 두고 자신을 탓하는 것이고, 후자는 돌아서서 들어갈 틈이 있는 다른 문을 찾아보는 것이다.

상황을 받아들이고 자신이 원하는 바가 이루어지리라는 희망을 포기하는 게 필요할 때도 있는 법이다. 핵심은 원하는 것 자체를 포기하라는 게 아니라 그것의 실현 가능성이 없음을 포기하라는 것이다.

게다가 빠른 포기는 다른 투쟁을 위한 에너지를 비축하게 해 준다.

포기할 때와 싸울 때를
아는 것

우리는 포기하는 게 나음에도 희망을 놓지 못하고 시간 낭비를 할 때도 있지만, 반대로 너무 일찍 포기할 때도 있다.

리네아는 학업을 너무 일찍 포기했다. 만약 자신을 믿고 좀 더 밀고 나갔더라면 불가능한 목표가 아니었을지 모르는데도 말이다. 매즈는 가능성을 알아보지도 않고 연애를 일찌감치 포기했다. 어떤 사람들은 너무 쉽게 포기한다. 당신도 그렇다면 이제부터는 다른 길을 선택해야 한다. 원하는 것을 얻기 위해 싸워야 한다.

싸워야 할 때와 내려놓아야 할 때를 아는 것은 균형 잡힌 삶을 사는 하나의 방편이 된다. 유연한 사람은 이 균형이 계속해서 바뀐다는 사실을 잘 알고, 어떤 때는 그냥 포기하고 또 다른 때는 맞서 싸운다.

사람들은 보통 포기와 싸움 중 한 가지에 더 능하다. 만약 당신이 절대로 물러나는 법이 없고 항상 불도그처럼 물고 늘어지는 싸움꾼이라면 포기하는 연습이 필요하다. 분명히 안도감이 느껴질 것이다.

연습하기

죄책감이 느껴지는 관계를 생각해 본다.

그런 다음 직시하고 싶지 않은 무엇이 있는 것은 아닌지, 죄책감 속에 감추어진 다른 감정들이 있지는 않은지 살펴본다.

혹시 화가 난 건 아닐까?

그리운 것, 아니면 금지된 즐거움?

그 사람이 되어 자신에게 편지를 쓴다. 그 사람에게 듣고 싶은 말을 전부 적는다.

원하는 것을 절대로 얻지 못한다는 사실을 깨닫고 인정하며 마음껏 슬퍼해도 된다. 아니면 원하는 것을 얻기 위해 치열하게 싸우는 쪽을 선택할 수도 있다.

정리하기

상황과 비교해 너무 큰 비합리적 죄책감은 분노나 금지된 즐거움, 무력감, 슬픔 등 당신이 마주 볼 준비가 되지 않은 무엇을 덮은 가림막일 수 있다.

바꿀 수 있는 것과 있는 그대로 받아들이는 게 나은 것을 구별해야 한다. 바꿀 수 없는 것을 바꾸기 위해 싸우다 보면 분노가 자신을 향할 위험이 있다.

chapter

13

통제의
환상에서
벗어나기

원하는 것을 얻을 수 있다는 희망을 버리면 안도감이 느껴지는 한편 불행할 수도 있다. 슬픔은 주변 사람들의 관심과 보살핌을 끌어낸다. 그리고 슬픔이 사라져 갈 무렵 새로운 가능성으로 나아갈 준비가 된다. 슬픔을 느끼는 단계로 접어들면 죄책감이 줄어들다가 대개는 아예 사라진다.

언니와 절대로 예전만큼 가까워질 수 없다는 사실을 깨닫고 너무 슬펐어요. 언니는 저에게 엄마 같은 존재였고 언니가 있어서 너무 든든했거든요. 그래서 다른 사람은 몰라도 언니에게만큼은 솔직할 수 있었어요.

하지만 이젠 언니의 삶에서 남편과 아이들이 가장 많은 부분을 차지하게 됐고, 이 사실을 받아들이기가 너무 힘들어요.

다시 언니에게 중요한 존재가 되고 싶어서 언니를 기쁘게 해 주려고 노력했어요. 하지만 잘 되지 않았고 실패한 제 자신에게 화가 났어요.

지금 전 현실을 똑바로 마주해야 한다는 걸 잘 알고 있어요. 하지만 슬픔이 너무 커서 '이렇게 하면 예전으로 돌아갈 수 있을 거야.'하며 자꾸 헛된 환상을 품게 돼요. 그러다가도 다른 한편으로는 제 자신에게 너무 큰 부담을 주지 않나 싶어 죄책감이 들고요. 다시 희망을 버리고 '절대 예전으로 돌아갈 수 없어, 아이다. 네 잘못이 아니야.'라고 생각하면 분노 어린 슬픔이 찾아와요.

– 아이다, 32세

어떤 사람들은 너무 오랫동안 싸움을 이어 간다. 심리 치료사 벤트 포크는 이렇게 말한다.

"강한 사람이 가장 큰 고통을 받는다. 패배를 인정하기까지 너무 오래 걸리기 때문이다."

강한 사람들은 힘에 부쳐도 싸움을 끝내지 않는 경향이 있다. 아이다는 쉽게 포기하지 않는 강한 의지를 가진 여성이다. 그녀는 몇 번이고 휘청거리며 쓰러졌다. 그럼에도 몇 년간 싸움을 계속했고 마침내 패배를 인정할 수밖에 없는 시점에 이르렀다.

많은 대가를 치러야 하는 데에다 어차피 질 수밖에 없는 싸움임을 알면서도 포기하지 못하는 마음이 어떤 것인지 대부분 잘 알 것이다. 포기하고자 한다면 일단 통제에 대한 환상부터 내려놓아야 한다.

책임과
통제

상황에 지대한 영향력을 가지고 있다고 믿을수록 책임감과 죄책감은 커진다. 그러면서 동시에 안전함도 느껴진다. 상대방과의 관계가 나빠진 것이 당신의 잘못이라면 관계를 나은 쪽으로 변화시킬 수 있는 선택권을 가진 사람 또한 당신이다. 만약 당신의 잘못이 아니라면 당신은 관계를 바로잡을 수 없다. 관계가 나아가는 방향에 대해 아무런 영향력도 가지고 있지 않기 때문이다.

아이들은 자신의 영향력을 과대평가하므로 비현실적

으로 큰 책임감을 느끼기 쉽다. 이를 전문 용어로 전능감 omnipotence이라고 한다.

자신의 중요성, 통제력, 영향력에 대한 전능감에서 벗어나는 데 특히 오랜 시간이 걸리는 사람들이 있다. 이들은 본인이 가진 통제력보다 훨씬 큰 책임감을 느끼면서 자신의 잘못이라고 탓한다.

마음에 드는 여자와 데이트를 했어요. 그녀는 제가 지금껏 꿈꾸어 온 완벽한 이상형이었어요. 아름답고, 매력적이고, 똑똑하고, 재미있었어요. 우린 급속도로 가까워졌어요. 꿈처럼 황홀한 시간이 계속되다가 3주쯤 지났을 무렵 갑자기 그녀에게서 연락이 끊겼어요.

너무 절망스러웠어요. 어찌나 초조한지 가만히 있지 못하고 안절부절못했어요. 마지막 만남에서 그녀에게 했던 말들이 떠올라 후회되고 눈물까지 났어요. 제가 한 바보 같고 이기적인 말밖에 생각나지 않았어요. 저는 제 말과 행동을 곱씹으면서 저를 욕하기 시작했어요.

그중에서도 최악은 제가 너무 성급하게 몰아붙였다는 점이었어요. 그래서 그녀에게 시간을 좀 주고 나중에 연락하기로 했어요.

1년이 지나 그녀가 저와 잠깐 즐긴 것일 뿐 진지하게 만날
생각이 처음부터 없었다는 걸 우연히 알게 됐어요.

— 라스, 38세

라스는 데이트 상대가 연락을 끊은 데 대해 즉각적으로
모든 책임을 떠안았다. 라스뿐만 아니라 누구나 예상하지
못했거나 불쾌한 일이 갑자기 발생하면 그럴 수 있다. 그러
면서 모든 게 자신의 책임이라고 생각하며, 따라서 자신이
상황을 충분히 바꾸어 놓을 수 있다고 믿는다.

라스가 자기 비난을 멈추고 어쩔 수 없는 일—데이트 상
대가 자신을 만나고 싶어 하지 않는다는 것—임을 깨닫기까
지 자그마치 1년이라는 시간이 걸렸다.

지금부터는 나의 이야기를 좀 해 보려고 한다.

앞서 말했듯 나는 오랫동안 어머니와의 관계에서 죄책감
과 싸워야 했다. 내가 양심의 가책을 느낀 이유 또한 통제의
착각이 원인이었다. 나는 나만 잘하면 어머니가 심리적으로
건강하고 따뜻한 사람으로 바뀔 희망이 있다고 믿었다. 어
머니가 나를 제대로 보아주고 마음에 담아 줄 거라고도 믿
었다. 몇 십 년 동안 나는 내 자신을 탓했다. 그러다 희망과
통제의 환상을 버리자 슬픔과 무력감이 느껴졌고 그제야 마

침내 죄책감의 굴레가 느슨해졌다.

시련을 극복하는 자신의 능력을 과대평가하면 이 책에서 소개한 사례들의 주인공처럼 매우 고통스러울 수 있다.

지금 돌이켜 보면 내가 어쩔 수 없는 일에 대해 그렇게 큰 책임감을 느끼고 나를 탓했던 모습이 우스울 지경이다. 내능력을 그토록 과대평가했다니 부끄럽기까지 하다. 애초에불가능한 일이라는 것도 모르고, 대형견에게 겁 없이 달려들어 흠씬 쥐어 터지는 소형견이 따로 없었다.

안타깝게도 할 수 있다는 착각에 빠졌던 나를 웃어넘길수 있게 되기까지 수많은 시간이 걸렸다.

어쨌든 내 생각과 달리 내가 전혀 통제할 수 없는 일이라는 사실을 깨달은 순간부터 무수한 감정이 느껴지기 시작했다. 그중에서도 불안의 감정은 매우 컸다. 이럴 때는 다른 사람에게 속내를 털어놓는 것도 좋은 방법이다. 적어도 혼자일 때보다는 더 빠르게 문제를 다루어 나갈 수 있다.

용기를 내어 자신의 무능함을 똑바로 바라보고, 이로 인해느껴지는 불안과 슬픔에 대처하는 법을 배우면 거대한 보상이 기다린다. 바로 죄책감을 곱씹고 양심의 가책으로 자신을 고문하는 일을 그만둘 수 있다는 것이다.

아프리카에서는 원숭이를 잡기 위해 견과류를 넣은 상자

를 놓아 둔다. 바닥에 고정된 이 상자는 입구가 너무 작아서 원숭이가 손만 겨우 집어넣을 수 있다. 원숭이가 견과류를 집은 손을 빼내려고 하면 주먹이 커서 빠지지 않는다. 손이 끼어 버리는 것이다. 마찬가지로 쓸데없는 고집을 부리면 지치는 싸움에 갇혀 버린다. 그저 내려놓는 것만으로 한없이 자유로워지는 좋은 방법이 있다는 사실을 잊지 말자.

분노가 슬픔으로
화할 수 있게

분노는 싸움 에너지에 속한다. 우리는 자신과 싸우기 위해 분노를 사용하기도 한다. 이런 싸움은 보통 스트레스와 우울증으로 끝이 난다.

자신의 패배를 인정하면 비로소 슬픔이 느껴진다. 그런데 그 슬픔이 평온함을 가져다준다. 눈물이 주변 사람들의 애정 어린 관심을 불러일으키기 때문이다. 용기 내어 누군가에게 상실과 패배의 감정을 사실대로 털어놓으면 관계에서 애정과 친밀감이 깊어질 수 있다.

작별 편지를 쓰면 분노를 슬픔으로 바꿀 수 있다. 희망이나 꿈에 불과한 내용일지라도 별 상관은 없다. 앞으로 몇 가지 사례를 소개하겠지만 우선 작별 편지를 쓰는 방법부터 알려 주고자 한다.

마음 깊은 곳으로 들어가 당신이 가장 원했던 것을 상상하고 그것을 손에 넣는 꿈에 작별 인사를 한다. '고마워'는 모든 이별에서 무척이나 중요한 단어다. 고마워할 만한 게 있는지 찾아보면 내려놓는 데도 도움이 된다.

다음은 루네의 작별 편지다.

아들에게 많은 시간과 관심을 내주는 따뜻한 아버지를 갖는 꿈에게

내가 노력하면 가능하다고, 당연히 내가 노력해야만 하는 일이라고 생각했다.

그 짐의 무게가 너무 무거워서 패배자가 된 기분을 느꼈다.

나 자신을 과대평가한 덕분에 정신 건강에는 도움이 됐는지도 모르겠다.

적어도 희망을 느낄 수 있었으니 고맙긴 하다.

하지만 그 희망은 너무 큰 죄책감을 느끼게 해서 하마터면 내 인생이라는 배가 가라앉을 뻔했다.

꿈이여, 이젠 안녕. 그동안 함께해 줘서 고맙다.

아버지가 행복해지는 걸 보고 싶었던 희망이여, 안녕.

내가 잘하면 아버지와의 사이가 좋아질 거라는 희망이여, 안녕.

따뜻하고 사랑 넘치는 아버지가 있으면 내 삶이 충만해질 줄 알았던 생각이여, 안녕.

아버지가 나를 제대로 봐 주고 진심으로 생각해 주는 줄 알았던 생각이여, 안녕.

내가 가져 보지 못했고 앞으로도 가질 수 없는 것들이여, 안녕.

이제는 열리지 않는 문에 미련 두지 않고 뒤돌아서서 열리는 문을 향해 갈 것이다.

루네

아래는 좀 더 구체적인 대상에 대한 작별 편지다. 조르겐은 줄곧 자신을 괴롭혀 온 학위에 대한 열망에 이별을 고했다.

학위를 받는 꿈에게

넌 절대로 이루어질 수 없는 꿈이야. 이제야 알겠어. 하지만 학위를 따면 내 인생이 얼마나 달라질까 상상하는 게 좋았어.

결국은 이렇게 됐지만 공부하면서 좋은 기억을 만들어 주고 많이 배우게 해 줘서 고마워.

이제 난 널 놓아줄거야.

학위를 받으려던 꿈이여, 안녕. 학위를 따면 어떻게 축하할지 생각했던 모든 꿈과 환상도 안녕.

석사 학위를 따겠다는 꿈이여, 안녕.

공부를 마치면 사람들이 감탄하고 칭찬해 줄 거라던 생각도 안녕.

자랑스러워할 부모님의 얼굴도 안녕.

꿈이 있어서 좋았다. 꿈이여, 잘 가라. 그리고 고마웠다.

공부할 기회를 붙잡으려고 노력한 나 자신에게도 고맙다.

눈물이 마르고 나면 더 잘할 수 있는 다른 공부를 찾을 수 있을지도 모른다.

조르겐

싸우고자 하는 마음을 내려놓으면 죄책감과 자기 비난이 그만큼 줄어든다.

또 다른 사례를 들어 본다.

시드셀은 몸무게 때문에 끊임없이 자신과 갈등을 빚었다.

그녀는 엄마를 닮아 뱃살이 너무 많다고 생각했다. 어렸을 때는 다이어트를 하지 않는 엄마를 한심하게 여기기까지 했다. 하지만 시드셀은 아이를 낳고 엄마가 되면서 자신의 엄마와 똑같은 문제를 겪게 되었다. 시드셀은 그런 자신에게 화가 났다. 그녀가 쓴 편지는 다음과 같다.

모델처럼 날씬한 몸매를 갖는 꿈에게
이제 널 보내 줄 거야.
아이 낳기 전에 산 바지가 언젠가 맞는 날이 올 거라는 희망이여, 안녕.
내가 엄마보다 낫다는 생각도 안녕.
원하는 목표까지 살을 뺄 수 있을 거라는 희망도 안녕.
거울에 비친 날씬한 몸매를 감상하고 싶었던 꿈도 안녕.
날씬한 몸매가 내게 줄 거라고 생각했던 자신감도 안녕.
이제 나는 다른 곳에서 자신감과 자존감을 찾을 거야.
시드셀

시드셀이 날씬한 몸매와의 싸움을 내려놓는 순간 실패와 부족함, 죄책감의 감정도 사라졌다.

연습하기

죄책감을 느끼게 하는 상황을 생각해 본다.

내려놓을 수 있는 무엇—희망이나 투쟁하고 있는 것들—이 있는가?

내려놓을 수 있는 것들에게 작별 편지를 쓴다. 그러면 죄책감이 슬픔으로 바뀐다.

정리하기

자신이 통제하고 영향력을 끼칠 수 있는 것에 한계가 있다는 사실을 깨달으면 안심이 된다. 원하는 것을 내려놓기만 해도 싸움을 끝낼 수 있다. 그리고 마음의 평화가 찾아온다.

나오며

과도하게 부풀려진 죄책감은 정당한 이유 없이 우리를 괴롭힌다. 나는 당신이 이 책에서 소개한 도구를 활용해서 상황에 비해 지나친 죄책감을 줄일 수 있기를 바란다.

합리적 죄책감은 사실에 근거를 두고 있으며, 진지하게 받아들일 필요가 있는 바람직한 반응이다.

자신을 친절한 눈으로 바라본다는 것은 바보 같은 실수나 잘못을 눈감아 준다는 의미가 아니다. 중요한 건 현실을 직시하는 일이다. 자신의 한계와 실패를 받아들이면서도 친절하고 열린 태도로 자신을 바라볼 수 있어야 진정으로 강한 사람이다.

실수를 인정하는 데에 늦은 때는 없다. 경우에 따라서는 보상과 만회가 필요할지도 모른다. 또 당시에 할 수 있는 최선을 다했다는 믿음으로 자신을 용서해야 할 수도 있다.

자신에게 너무 가혹한 사람은 남에게도 가혹하다. 자신에게 친절한 사람은 자연스럽게 다른 사람들도 똑같이 대할 것이다. 친절은 전염성이 있어서 잔물결처럼 퍼져 나가기 때문이다.

이 책이 자신과 자신의 삶을 있는 그대로 받아들이겠다는 다짐에 필요한 도구를 제공해 주고, 나아가 사람들이 자신과 타인을 친절한 눈으로 바라보는 데 도움이 되기를 바란다.

다음은 이 책에 나오는 도구들을 요약한 것이다. 모든 도구가 모든 상황에 유용한 것은 아니다. 어떤 도구가 있는지 전체적으로 살펴보고, 특정 상황에 가장 적절하다고 판단되는 것부터 활용해 보자.

- 잘못 만회하기

당신이 상대방에게 한 말이나 행동에 진심으로 미안함을 느낀다면 그 사람에게 미안한 마음을 전해 본다. 사과에는 공소 시효가 없다. 오랜 시간이 지났음에도 여전히 마음을 괴롭히는 일이 있다면 지금 바로 사과해 보자. 자세한 내용은 2장을 참고한다.

- 원칙 고치기

내가 지키며 살아가는 원칙이 자신이나 자신의 상황에 적합한지 생각해 본다. 너무 쉽게 죄책감을 느낀다면 인생의 신조나 행동 원칙이 과도하게 엄격해서일 수 있다. 자세한 내용은 4장을 참고한다.

- 삶에 대한 기대치 조율하기

자신이나 주변 사람들에게 실패, 슬픔, 위기가 일어나지 않을 거라고 단정해 버리면 실망스러운 일이 발생했을 경우 원망이 클 수 있다. 자세한 내용은 4장을 참고한다.

- 책임과 잘못 나누기

다른 사람들과 나누어야 하는 책임을 혼자 다 짊어질 이유는 없다. 상황에 영향을 끼친 사람이 당신 말고 또 누가 있는지 목록으로 적어 책임을 나눈다. 가능하다면 사람마다 몇 퍼센트의 책임이 있는지 백분율로 할당해 본다. 다른 사람들과 잘못을 나눌수록 죄책감이 줄어든다. 단, 잘못과 책임은 다른 사람들과 나누더라도 앞으로 이 상황을 잘 헤쳐 나가는 것은 온전히 당신의 책임이다. 자세한 내용은 3장을 참고한다.

- 분노를 밖으로 향하게 하기

잘못한 사람들에게 편지를 쓴다. 그들에게 잘못이 있음을 지적하고 어떻게 행동했어야 했는지 혹은 지금 어떻게 해야 하는지 알려 준다. 이 편지는 실제로 보내기 위해서 쓰는 게 아니라 오로지 나를 위해서 쓰는 편지다. 편지를 쓴 후 잘못이 있는 사람과 대화를 나누어야겠다는 용기가 생기고 자신을 더욱 친절한 눈으로 바라보게 될 것이다. 자세한 내용은 3장을 참고한다.

• 합리적 죄책감인지 확인하기

죄책감 편지와 사과 편지를 쓴다. 편지를 쓰는 동안 비합리적 죄책감을 찾아 없앨 수 있다. 편지 쓰는 방법은 11장을 참고한다.

• 자신을 용서하기

자신의 실수를 보상하는 일을 그만둔다. 평생 자신을 벌할 필요는 없다. 대신 이제부터는 주어진 기회에 집중하도록 한다. 자세한 내용은 10장을 참고한다.

• 가려진 감정 파헤치기

양심의 가책이 다른 감정을 덮고 있는 경우가 있다. 상대와의 관계에서 무엇을 바라는지 생각해 보고 자신에게 물어본다. 죄책감이 느껴지는 게 있는가? 내가 잃어버린 게 있는가? 내가 그리워하는 게 있는가? 상대방에게 화가 났는가? 옳지 않다는 것을 알지만 진정으로 행복한가? 자세한 내용은 12장을 참고한다.

- 책임감 없는 사람이 옆에 있는지 확인하기

책임감 없는 사람들과의 관계는 지나치게 무거운 책임감을 떠안게 만든다. 실제로 내가 아닌 그들 몫의 죄책감과 책임감까지 부담하게 되기 때문이다. 이런 관계라면 선을 그어야 할 필요가 있다. 자세한 내용은 9장을 참고한다.

- 희망 내려놓기 & 싸움 그만두기

양심의 가책은 분노가 안으로 향한 것이다. 분노는 싸우려는 의지에서 나오는 에너지다. 절대로 이길 수 없거나 너무 손해가 큰 싸움을 하고 있을 수도 있으니 무엇을 위해 싸우고 있는지, 목표가 현실적인지 생각해 보자. 희망과 싸움을 내려놓으면 안도감이 느껴질 수 있다. 자세한 내용은 12장을 참고한다.

- 양심의 가책과 친구 되기

무엇을 없애려고 하는 것 자체가 문제가 되기도 한다. 감정은 위험하지 않다. 감정은 오히려 반가운 것이다. 그러니 호기심을 가지고 죄책감을 살펴보자. 죄책감에 속절없이 휘둘리지 말고, 자신과 자신의 가치관에 충실하면서 품격 있게 죄책감을 대하자. 자세한 내용은 5장을 참고한다.

• 죄책감을 실존세로 생각하기

가까운 사람들의 바람이나 기대에 어긋나는 일을 하면 그들이 화를 내거나 나를 판단할까 봐 두려워질 수 있다. 두려움과 공존하는 연습을 해 보자. 모두를 행복하게 해 줄 수 없다는 슬픔과 공존하는 연습 또한 해 보자. 죄책감을 스스로 옳다고 생각하는 일을 하는 대가라고 생각하면 어렵지 않다. 자세한 내용은 5장을 참고한다.

• 책임 돌려주기

과거에 상대방에게 아픔을 준 일에 대한 후회의 마음을 표현할 수는 있다. 하지만 그 사람을 잘 살게 하는 것이 당신의 책임이라고 여기거나 보상하려는 마음을 가져서는 안 된다. 특히 성인의 인생은 오롯이 그 사람의 책임이므로 책임을 대신 떠맡는다고 해서 특별히 도움이 되진 않는다. 자세한 내용은 11장을 참고한다.

• 죄책감 인정하기

자신의 결정이 다른 사람에게 해를 끼쳤다면 죄책감을 인정하는 게 모두를 위한 최선이다. 자신의 행동을 정당화하지 말자. 죄책감을 느낀다는 것 자체는 용기 있고 칭찬받을 만한 일이다. 죄책감을 느끼는 만큼 자신이 성장했다는 사실을 깨닫기를 바란다. 자세한 내용은 10장을 참고한다.

• 자신에게 친절하게 말하기

3~4개월 동안 매일 노트에 칭찬할 만한 일 세 가지를 꾸준히 적어 본다. 이렇게 하면 친절한 눈으로 자신을 바라보는 연습이 된다. 자세한 내용은 2장을 참고한다.

죄책감 테스트

나는 얼마나 죄책감을 느끼는가?

양심의 가책은 사람 간의 관계와 관련이 있다. 다른 관계에서는 별로 심각하게 생각되지 않는 일인데도 어떤 관계에서는 죄책감이 느껴지는 것처럼 말이다. 따라서 죄책감 테스트를 할 때는 특정한 한 사람을 떠올리면서 해야 한다. 다른 사람을 떠올리면서 이 테스트를 여러 번 해 본 다음 결과를 비교해 볼 수도 있다.

당신이 죄책감 테스트를 하면서 떠올리는 사람, 죄책감을 느끼게 하는 특정 인물을 '그 사람'이라고 칭하겠다. 그 사람은 당신의 남자 친구, 친구, 부모, 직장 동료 등 상대방에 대한 당신의 반응을 확인해 보고 싶은 대상이라면 누구든 될 수 있다.

테스트 결과는 당신과 그 사람뿐만 아니라 둘의 관계에 대해서도 무엇인가를 알려 줄 것이다.

머릿속에 가장 먼저 떠오르는 대로 대답하는 것이 중요하다. 질문의 답에 대해 너무 깊이 생각하지 말고, 결과에 영향을 주지 않도록 테스트를 끝내기 전에 설명을 읽지 않는다.

각각의 문항을 읽고 점수를 부여한다.

0점 = 나와 전혀 맞지 않는다

1점 = 나와 약간 맞다

2점 = 나와 어느 정도 맞다

3점 = 나와 거의 맞다

4점 = 나와 완벽히 맞다

1. 그 사람과 만나기로 한 약속을 갑자기 취소하면 죄책감을 느낀다.

2. 그 사람과 함께 있는 동안 내가 말하는 시간이 반 이상이면 죄책감을 느낀다.

3. 그 사람의 기분이 나쁘면 죄책감이 들고 더 많이 도와주어야 한다고 생각한다.

4. 그 사람의 무엇을 망쳤다는 생각이 들면 죄책감을 느끼고 사과한다.

5. 그 사람이 나를 만나러 왔는데 분위기가 좋지 않으면 내가 무엇을 잘못했는지 생각한다.

6. 그 사람에게서 마음에 들지 않는 모습을 발견하면 죄책감을 느낀다.

7. 그 사람은 잘 지내지 못하는데 나는 행복하면 죄책감을 느낀다.

8. 그 사람이 스스로를 똑똑하거나 예쁘거나 잘났다고 생각하는데 동의하지 않을 때 죄책감을 느낀다.

9. 그 사람에게서 못마땅한 시선이 느껴지면 이를 바꾸기 위해 온갖 방법을 궁리한다.

10. 그 사람의 기분이 나빠 보이면 내가 무엇을 잘못했는지 찾기 위해 머리를 굴린다.

11. 그 사람이 내 행동을 탐탁하게 여기지 않으면 행동을 바꾸려고 한다.

12. 그 사람이 한 말에 반발하고 싶은 충동이 들면 죄책감을 느낀다.

13. 그 사람에게 상처를 줄 수 있는 진실을 말하고 싶은 충동이 들면 죄책감을 느낀다.

14. 그 사람과 함께하는데 내 기분이 좋지 않아서 대화에 긍정적으로 참여하지 못하면 죄책감을 느낀다.

15. 그 사람과의 대화가 재미없더라도 열심히 귀 기울이지 않으면 죄책감을 느낀다.

16. 그 사람은 나를 높이 평가하지만 나는 그렇지 않으면 죄책감을 느낀다.

17. 그 사람에게서 초대를 받았는데 별로 기쁘지 않으면 죄책감을 느낀다.

18. 그 사람이 직접 만든 것을 자랑스럽게 보여 주는데 마음에 들지 않으면 죄책감을 느낀다.

19. 그 사람의 전화를 받지 않으면 죄책감을 느낀다.

20. 그 사람의 중요한 날을 잊어버리면 죄책감을 느낀다.

21. 그 사람은 아픈데 나는 건강하고 행복하게 잘 지내면 죄책감을 느낀다.

22. 그 사람이 내 말에 상처를 받으면 의도하지 않았더라도 죄책감을 느낀다.

23. 그 사람을 만날 때 15분 이상 늦으면 죄책감을 느낀다.

24. 외모와 같이 그 사람이 어떻게 할 수 없는 것에 대해 짜증이 나면 죄책감을 느낀다.

점수를 모두 더한다. 합계 점수의 범위는 0~96점이다.

높은 점수의 의미

점수가 높을수록 책임감이 강하고 죄책감을 느낄 가능성이 크다.

• 제1 집단 문항

죄책감 테스트의 문항은 두 가지 집단으로 나누어진다. 제1 집단 문항은 6, 7, 8, 12, 13, 14, 16, 17, 18, 21, 24번으로, 비합리적 죄책감을 느끼는 경향을 측정하는 문항들이다. 아래 문항 옆에 점수를 적고 합계를 계산한다.

6 ☐

7 ☐

8 ☐

12 ☐

13 ☐

14 ☐

16 ☐

17 ☐

18 ☐

21 ☐

24 ☐

합계 ☐

제1 집단 문항의 합계 점수의 범위는 0~44점이다.

- 제1 집단 문항의 합계 점수

제1 집단 문항은 당신이 통제할 수 없는 것들, 즉 당신이 느끼거나 원하는 것들이다. 바꾸어 말하면, 비합리적 죄책 감과 과장되게 부풀려진 책임감이다. 1점 이상은 당신이 비합리적 죄책감을 느낀 적이 있다는 뜻이다.

합계 점수가 44점에 가까운 사람일수록 다음의 특징에 해당할 확률이 높다.

○ 다른 사람들이 믿을 수 있는 사람이다.
○ 주변 사람의 행복에 신경 쓴다.
○ 책임과 죄책감을 떠맡기려는 사람들에게 쉬운 표적이다.
○ 좋은 친구, 배우자, 부모 역할을 매우 중요하게 생각하며 완벽주의를 지향한다.
○ 비판을 심각하게 받아들인다. 일단 비판의 말을 들으면 진실 여부를 의심하지 않고 받아들인다.

◦ 선 긋기가 어렵다.

◦ 괴롭힘의 대상이 되기 쉽다.

◦ 강한 죄책감과 무능감을 느낀다.

이 책에 쓰인 도구로 죄책감을 적절히 조절하면 제1 집단 문항의 합계 점수가 줄어들고 삶도 조금 편해질 것이다.

• 제2 집단 문항

제2 집단의 문항은 합리적 죄책감을 측정한다. 1, 2, 3, 4, 5, 9, 10, 11, 15, 19, 20, 22, 23번 문항이 여기에 포함된다. 아래의 문항 번호 옆에 점수를 적고 합계를 계산한다.

1 ▭

2 ▭

3 ▭

4 ▭

5 ▭

9 ▭

10 ▭

11 ▭

15	
19	
20	
22	
23	
합계	

제2 집단 문항의 합계 점수의 범위는 0~52점이다.

• 제2 집단 문항의 합계 점수

합계 점수가 52점에 가까울수록 당신은 주변 사람들과의 관계에서 양심적인 경향이 강하다. 그리고 다음의 특징에 해당할 확률이 높다.

  ◦ 좋은 친구가 되고 약속을 지키는 것을 중요하게 여긴다.
  ◦ 가까운 사람이 속상해하면 어떻게든 도우려고 한다.
  ◦ 다른 사람의 고통에 자신의 책임도 있는지 물어볼 의지
    가 있고 만약 그렇다면 만회하려 한다.
  ◦ 실수를 했을 때 다른 사람이 바로잡아 줄 필요가 없다.
    곧바로 자신의 잘못을 인정하고 다시는 그런 일이 일어

나지 않도록 노력하기 때문이다.

◦ 갈등이 발생했을 때 유연한 태도로 타협하려고 한다.

◦ 좋은 사람이 되려고 노력한다.

제2 집단 문항은 크든 작든 당신이 어느 정도 영향력을 미치는 상황을 다루지만 당신이 느끼는 죄책감이 상황에 비례하지 않을 수 있다. 따라서 제2 집단 문항의 합계 점수는 합리적 죄책감뿐만 아니라 비합리적 죄책감에 대해서도 시사하는 바가 크다.

• 죄책감 테스트는 절대적이지 않다

누구를 생각하느냐에 따라 죄책감 테스트의 결과가 달라질 수 있다. 만약 그 사람이 당신과 매우 가까운 사람이라면 덜 가까운 사람보다 높은 점수가 나올 것이다.

게다가 테스트가 그 사람에 대해 말해 줄 수 있는 것은 결코 포괄적이지 않다. 여기에 포함되지 않은 측면들도 너무 많기 때문이다. 또한 당신의 상황이나 그날의 기분에 따라 테스트 결과가 달라질 수도 있다.

높은 점수가 그 사람 또는 그 사람과의 관계에 대해 말해 주는 것

어떤 관계에서 다른 관계보다 높은 점수가 나온다면 그것은 당신이라는 사람보다 그 사람과의 관계에 대해 많은 것을 이야기해 주고 있음을 의미한다. 다음의 내용이 맞는지 생각해 보자.

• 그 사람이 당신에게 큰 의미가 있다

우리는 가장 사랑하는 사람들에게서 가장 강력한 감정을 느낀다. 분노나 죄책감 같은 부정적인 감정도 마찬가지다.

• 그 사람이 당신의 삶이나 상황에 많은 영향을 끼친다

상사, 집주인, 배우자 등

• 그 사람이 당신에게 의존한다

만약 그 사람이 심각한 병을 앓고 있고 당신의 도움 없이 잘 지낼 수 없다면 당신은 당연히 그 사람에게 더 큰 책임감을 느낄 것이다.

• 당신이 그 사람에게 큰 의미가 있다

당신은 그 사람이 당신을 매우 높이 평가하고 있으며 약

속을 어기면 실망하리라는 사실을 잘 알고 있다.

- 그 사람이 당신의 미성년자 자녀다

우리는 어린 자녀에게 매우 큰 책임감을 느낀다.

- 그 사람이 책임감이 부족하다

당신이 그 사람이 잘 지내지 못한다는 것을 아는데 그 사람은 상황을 바꾸거나 필요한 도움을 받으려는 책임감 있는 모습을 보이지 않을 때, 당신은 그 사람의 고통을 지켜보는 것이 괴롭다.

- 그 사람이 스스로를 남보다 잘났다고 생각한다

만약 그 사람이 자신을 피해자 혹은 남보다 우월한 존재라고 여기고 심지어 겉으로 티를 낸다면 당신은 무능감을 느끼기 쉽다. 이렇게 자신의 완벽함을 설득력 있는 태도와 믿음으로 드러내어 주변 사람들로 하여금 무능감을 느끼게 만드는 이들이 종종 있다.

- 그 사람이 당신에게 부응할 수 없는 역할을 맡긴다

부모가 무책임하게 행동하고 그들의 역할을 당신에게 떠

넘기는데도 당신은 이러한 지나친 요구를 자각하지 못할 수 있다. 그들이 표정이나 눈빛, 어조 같은 것으로 이루어지는 미묘한 요구를 할 때도 있기 때문이다. 부부 사이에서도 이와 같은 역할 혼란이 일어난다. 당신이 배우자에게 어머니나 아버지의 역할을 해야 한다면 이상적인 부모가 그러하듯 배우자를 무조건 사랑해야 한다는 압박감이 따르기 마련이다. 이 상황에서 배우자의 기대에 부응하지 못하면 커다란 죄책감이 느껴질 수밖에 없다.

감사의 말

다음 분들에게 감사를 드린다.

전문 심리 치료사이자 신학의 대가이고 베스트셀러《솔직한 대화》를 포함해 다수의 책을 집필한 벤트 포크는 내가 일에서나 삶에서 성장할 수 있도록 값진 도움을 주었다.

세상을 떠나기 전까지 게슈탈트 분석 연구소 소장을 지낸 심리학자 닐스 호프마이어는 오랫동안 나에게 큰 영감을 주었다.

원고를 읽고 피드백을 준 엘렌 볼트, 마르기스 크리스티안센, 에네 에스가드, 크리스틴 그렌트베드, 라인 크럼프 호스테드, 마틴 하스트러프, 커스틴 샌드, 크누드 에릭 안데르센에게도 감사의 말을 전한다.

자신에게
너무 가혹한
당신에게

1판 1쇄 발행	2022년 1월 31일
1판 2쇄 발행	2022년 4월 5일
지은이	일자 샌드
옮긴이	정지현
발행인	황민호
본부장	박정훈
책임편집	강경양
기획편집	김순란 한지은 김사라
마케팅	조안나 이유진 이나경
국제판권	이주은 한진아
제작	심상운
발행처	대원씨아이㈜
주소	서울특별시 용산구 한강대로15길 9-12
전화	(02)2071-2094
팩스	(02)749-2105
등록	제3-563호
등록일자	1992년 5월 11일
ISBN	979-11-362-8744-1 03180